早稲田教育叢書 32

# 書くことによる生き方の教育の創造

― 北方教育の進路指導、キャリア教育からの考察 ―

三村 隆男 著

学文社

# まえがき

　本書は，1991年3月に私家本として作成した『生き方の教育の源流を索めて～北方教育の進路指導的考察～』を大幅に改訂したものである。その理由は，前書から20年が経過した今，時代の急激な変化により，若年者の就業構造や職業意識が大きく変わり，「生き方の教育」への新たな在り方が求められたからである。そうした中，1999（平成11）年にキャリア教育が登場する。キャリア教育は進路指導との関係性の中で「生き方の教育」に新たな変化を生んだ。長年求められてきた本来の進路指導への回帰，学校におけるいじめ問題，中一ギャップ，無業で卒業していく高校生の存在等「生き方の教育」にかかわる多様な議論が存在するが，キャリア教育の登場はこれらを検討する新たな視点を提供することになった。

　前書を書いた時期は，高度経済成長，高等学校や大学への進学率の上昇の中で，本来の進路指導を求める声はかき消され，偏差値を主体とする受験指導，知育偏重教育からくる教育の人間性喪失に対する危機感が指摘されていた時期であった。1991年の第14期中央教育審議会経過報告においては，低年齢化する受験準備について「危険水域を越えたと判定せざるを得ない」との表現がなされるまでに至った。現在と異なった意味で「生き方の教育」が求められていた。

　20年が経過した現在，業者テストの復活や学習指導要領の学力重視傾向等，一部「歴史は繰り返す」の観を呈してきている。一方で，経済成長は右肩下がりの状態が続き，非正規雇用の増大，失業率の増加等の部分は新たに直面している課題となっている。こうした中で，今一度「生き方の教育」について吟味する必要を感じ，かつての原稿に大幅な修正を加え世に出した次第である。前回との大きな相違は，新たに登場したキャリア教育と進路指導（当時は職業指導）との関係性の中で，「生き方の教育」としての北方教育の活動を検討したところであり，さらに，北方教育が職業指導と邂逅することで，北方教育の運動性自体の質を高めたのではないかとの考察を加えたことである。

改めて対象とする北方教育について紹介する。北方教育は，北方性教育運動とも呼ばれ，1929年から1940年の比較的短期間に，主に小学校の訓導と呼ばれる教師を中心に東北地方を中心に展開された教育運動である。当時は，小学校尋常科や高等科の卒業者の多くが職業人として社会に出る時代であったため，職業指導の必要性は小学校に於いてもっとも高かった。特に，東北地方が抱える封建制や構造化された農村社会に生きる子どもたちに，この教育運動に携わった教師たちは，綴方という方法で生活現実を見つめさせ，新しい生活を創造させる中で生きる力をつけさせるという「生き方の教育」実践を展開していくのである。この運動は，北方教育の同人(どうにん)である現職の小学校教師たちの活発な展開により，上記運動期間の終盤では東北地方全域に，ひいては全国的に影響を与える運動になる。

　この運動には「生きる力」をつける手段として，何を書くかも含めた綴方の書かせ方に重要な要素をもつ。「書くこと」を通して，生活現実を見つめさせ，それを「生きる力」につなげていく彼等の教育方法は，運動理論として「リアリズム綴方教育論」として集大成される。進路指導の諸活動のひとつに「自己理解」がある。これは進路指導の中核的な活動であるが，北方教育では，綴方を通し生活現実を見つめることで自己理解を深める教育方法および理論を「リアリズム綴方教育論」によって明確にしたといえる。こうした考え方は，現在の教育課程において生活との関連を求められている教科指導にも導入可能な考え方である。一方，「書くこと」や書かせ方は言語活動にかかわるものであり，言語活動の充実が求められる中，習得，活用，探究と展開される学習の展開においても応用可能な理論でもある。

　この北方教育が開始される2年前の1927年に，わが国では初めて，学校教育の中での職業教育を公の法令として明記した文部省訓令第20号「児童生徒ノ個性尊重及職業指導ニ関スル件」が出された。訓令の名の示す通り，子どもの個性を生かし，個人の能力，適性を中心とした職業指導であるが，時期を同じくした北方教育は初期の職業指導の理念を運動理論に取り入れていった。しかし，時代は1938年の「国家総動員法」や翌年の「国民徴用令」により児童生徒の労

働力を数量的に扱う方向へすすんでいくのである。当時の職業指導の変遷を辿ることで，個性を無視した労務動員に荷担せざるを得ない当時の職業指導担当者の苦悩がひしひしと感じることができる。

　こうした状況は，北方教育の教師たちが活動する東北地方には極端な形で到来した。こうした中で彼らは，次第に学校現場での教育の展開に限界を感じ始めるのである。そこで運動の実践者の中には，学校という枠からはみだし，子どもの生き方の指導に携わる者が現れた。その背景には本来の職業指導との相乗的な展開が存在する。学校における職業指導から労働行政へ参入する者も出てきた。労働行政として職業紹介所（現在の職業安定所）の少年係主任や県学務部職業課業務係長等のポストから，教育行政の現場での「生き方の教育」としての職業指導を援護し，さらには県内の各郡に職業指導研究会を作る通知を出し，その組織化に乗り出すといった動きをしたのである。教育行政と労働行政双方に身を置き「生き方の教育」の展開をめざしたのである。しかし，時局の流れには抗しきれず，中心メンバーが治安維持法違反で検挙され，この運動の幕は下ろされたのである。

　前書である『生き方の教育の源流を索めて〜北方教育の進路指導的考察〜』に対して北方教育の中心的同人，故加藤周四郎氏から「北方教育生活綴方運動への新しい歴史的切り込みの成果に感謝と期待を献げます」（1991年1月4日付）との書簡をいただいた。リニューアルした『書くことによる生き方の教育の創造〜北方教育の進路指導，キャリア教育からの考察〜』が氏の期待に応えられたか心もとないが，検討の視点をさらに明確にした上で本書を上梓させていただいたつもりである。

　2013年3月

　　　　　　　　　　　　　　　　　　　　　　　　三村隆男　しるす

#  目　　次

**まえがき**　i

## 序　章　本題の設定について ─────────────── 1
1. 書名の設定理由と明らかにすべき北方教育の特徴 ………… 1
2. 職業指導，進路指導，キャリア教育について ……………… 3
3. 北方教育実践を「生き方の教育」として考察する視点 …… 8
4. 本書の構成について ……………………………………………… 16

## 第1章　学校教育における職業指導 ─────────── 20
1. わが国における職業指導の始まり …………………………… 21
2. 学校教育における職業指導の導入 …………………………… 24
3. 1927（昭和2）年以降の職業指導について ………………… 26
4. 全国職業指導協議会に見る職業指導担当者の変遷 ………… 28
5. 1931（昭和6）年の職業指導に関する動き ………………… 31
6. 寺沢巌男による職業指導論 …………………………………… 35
7. 雑誌『教育』における職業指導の特集と職業指導の理論 … 37
8. 軍国主義化の中での職業指導 ………………………………… 42

## 第2章　北方教育の誕生（第1期）──────────── 47
1. 北方教育前史 …………………………………………………… 47
2. 北方教育の同人 ………………………………………………… 54
3. 北方教育社設立から，『くさかご』・『草籠』（第3号）発行まで … 55

## 第3章　北方教育拡大期（第2期）──────────── 60
1. 文詩集『くさかご』・『草籠』から『北方文選』へ ………… 60
2. 雑誌『北方教育』の発行 ……………………………………… 61
3. 北方教育の運動の充実と拡大 ………………………………… 63

第4章 北方教育と職業指導の邂逅（第3期）―――――― 72
　1．北方教育における職業指導理論の構築 ………………… 72
　2．北方教育におけるリアリズム ……………………………… 78
　3．県内における支部会，研究会活動の拡大 ……………… 86
　4．秋田県から東北全円への拡がり ………………………… 89
　5．北日本国語教育連盟発足 ………………………………… 92
　6．北方教育社専属印刷所取得と北方教育社の倒産 …… 99

第5章 北方教育と進路保障（第4期）―――――――― 104
　1．戦時体制への突入と職業指導行政の方針転換 ……… 104
　2．「はみ出て来た所」について ……………………………… 106
　3．佐々木昴「生活・産業・教育」 …………………………… 109
　4．北方教育社の再興 ………………………………………… 112
　5．学校教育の中での加藤周四郎の実践 ………………… 114
　6．授業系統案から見る「生き方の教育」 ………………… 124
　7．作文をとおした相談活動 ………………………………… 129
　8．北方教育十周年記念会 ………………………………… 132
　9．産業組合と北方教育 ……………………………………… 134
　10．加藤周四郎，佐々木昴の職業行政への参入 ………… 143
　11．北方教育の中心的同人の逮捕 ………………………… 151

終　章 北方教育と職業指導の邂逅を進路指導，キャリア教育の視点
　　　　で整理する ――――――――――――――――― 157
　1．各視点の考察と北方教育 ………………………………… 157
　2．結びにかえて ……………………………………………… 163

参考資料 ……………………………………………………………… 169
索　引 ………………………………………………………………… 178

# 序　章

## 本題の設定について

　序章では，本書のタイトルの設定理由と本書の構成について触れる。構成については，本書が追究する，「生き方の教育」の視点から北方教育のもつ4つの特徴を示し，これらを明らかにする方法として，進路指導，キャリア教育に関わる4つの視点を解説した。「書くこと」と「生き方教育」との関係性を示すものとして，北方教育が実践した生活綴方という教育方法，実践の中で形成された理論，および北方教育が接近していく職業指導の機能概念がある。これらは複合的に交錯して両者の関係性を強化していく。ここでは，北方教育における確認すべき4つの特徴と，それらを検討する4つの視点を示す。

## 1．書名の設定理由と明らかにすべき北方教育の特徴

　本書では，日本の教育における「生き方の教育」の原初的実践を考察し，その実践に内在する「生き方の教育」の本質を職業指導との関連において明らかにすることを目的とする。
　ここで取り上げる北方教育とは，狭義には秋田市の北方教育社発行の雑誌名

であるが，広義には昭和初期，秋田県を中心に東北地方一円に繰り広げられた北方性教育運動のことである。「北方性」とは東北地方の経済や社会や文化のもつ特殊性，郷土性を指し，この教育運動は，「北方性」と呼ばれる地域性の強い生活現実を綴方という教育方法で見つめさせようとした。この運動は実践とその理論化の繰返しによって展開されるが，最終的には，「書くこと（綴方）」を通して生活を処理する主体性を身につけ，それを生きる力につなげていく「生き方の教育」として収斂されていく。北方教育の教育実践は，生活教育，生活指導の側面から多くの研究がなされている。ここでは，その特徴を明らかにするための4つの視点に示される背景にある進路指導，キャリア教育の考え方を十分に取り入れながら検討を行なう。まず，明らかにする4つの特徴を以下に示す。

- 国策により「個人」から「国家」へと重点が移行する中で，あくまでも個を主体とした人権を尊重する原則を貫き，個性重視をめざした「生き方の教育」を志向した。
- 現実の生活を基盤に将来の職業を保障しようとする「生き方の教育」にその重要性を見い出だした北方教育は，ひとつの学校，ひとつの地域にとどまらず，東北地方一円を包括する教育運動として発展し，職業指導の観点で産業界や労働行政ともつながる中で，自主的，組織的な活動を展開し，「生き方の教育」を広範囲に普及させることに貢献した。
- 「書くこと」を通して，自己理解力，生活理解力や生活表現力を高める理論を確立した。それはひとつの教育運動の実践者たちが立てた理論体系であり，生活綴方を通した「書くこと」の教育実践を共有し，錬成することで精緻化されていったのである。
- 教育実践は理論的な発展を遂げたと同時に，自分の生活を見つめ，「書くことで」今後の生き方について考えを整理・統合していく過程で，それを指導する教師との相談関係を成立させることに実践の発展が見られる。つまり，ガイダンスにつながる「書くこと」の実践を展開したのである。

以上の4つの北方教育の特徴を4つの視点で考察を進めるわけであるが，ここでは二段階に分け検討を行なう。最初に，それぞれの視点に触れる前に，職業指導，進路指導，キャリア教育への歴史的変遷，およびそこに内在する考え方について整理する。次に，北方教育の4つの特徴を明らかにするため，職業指導，進路指導，キャリア教育の歴史的変遷と展開，特に，進路指導とキャリア教育における活動の構造化をもとに4つの視点を提示し，2章以降の考察の明確化を図ることにする。

## 2．職業指導，進路指導，キャリア教育について

　「生き方の教育」を理論的に裏付けるため，北方教育を進路指導およびキャリア教育の視点で考察する。そのため双方がどのように表れたかを示す。

### (1)　職業指導から進路指導について

　第二次産業革命による農業から繊維産業そして重化学工業への産業構造の変化に伴い，土地に従属した生き方から，職業を選択する生き方への移行が求められ，職業を選択する際のガイダンス（指導）の必要性が生まれたのである。こうした背景の中，1915（大正4）年に入沢宗壽が著書『現今の教育』で米国の vocational guidance を紹介する際に語句として職業指導を初めて使用した。その後一般的に，生き方の選択，学校の選択，職業の選択等を指導する教育活動として職業指導が広く用いられた。
　わが国の歴史において初めての大規模な敗戦からの復興を果たし高度経済成長に入ろうとする時期に職業指導は進路指導へと転換することになる。1957（昭和32）年の中央教育審議会答申「科学技術教育の振興方策について」において進路指導が登場し，戦前から用いられた語句，職業指導に置き換えられる。その理由は，高度経済成長時代を迎え，高校進学率の急激な上昇や，高学歴志向，高度な知識人や技術者の養成への希求が，「言葉のニュアンスがやや就職

指導に偏る印象を与え」[1]る職業指導から進学にシフトしたイメージをもつ進路指導への移行を促進したのである。

その後進路指導は、いくつかの定義を経るが以下が進路指導のもっとも新しい定義である。

進路指導は、個人資料、職業・学校情報、啓発的経験および相談を通じて、生徒みずから将来の進路の選択、計画をし、就職または進学して、将来の生活における職業的自己実現に必要な能力や態度を育成する、教師が教育の一環として、組織的、継続的に援助する過程である[2]。

ここでは、進路指導とは卒業時の進路の選択にとどまらず、長期的な展望の中で主体的な生き方を支援していく「生き方の教育」であることを示している。ところが、時代は、高度経済成長、高等学校や大学への進学率の上昇の中で卒業時の進学や就職における偏った進路指導の全盛期で、進路指導の実践者や研究者の中にはその本来の姿への回帰を訴えた者もいたが、その声はむなしく響くだけであった。しかし、偏差値を主体とする受験指導、知育偏重教育からくる教育の人間性喪失に対する危機感は、第14期中央教育審議会中間報告において「危険水域に達した」と表現されるまでに至った。

「生き方の教育」を志向する本来の進路指導に戻す大改革は中学校で始まった。1992（昭和4）年、埼玉県教育長が中学校進路指導の際、業者テストの偏差値を入試前に私立高校へ提供し、合否を判定していることに異を唱え、進路指導における偏差値の不使用をうちだした。これを受け翌年、文部省は、以下の「指導の転換をはかるための基本的視点」を4点示した。

 1 学校選択の指導から生き方の指導への転換
 2 進学可能な学校の選択から進学したい学校の選択への指導の転換
 3 100％の合格可能性に基づく指導から生徒の意欲や努力を重視する指導の転換

4　教師の選択決定から生徒の選択決定への指導の転換

　これらは進路指導を「生き方の教育」に回帰することを求めたものであり，中学校の進路指導は大転換を迫られることになったのである。端的に表現すれば，生徒が自分で自分の生き方を選択・決定する能力を育成することを目指したのである。こうした動きは小学校や高校に拡大する兆候を見せ，1996（平成8）年，第15期中央教育審議会「21世紀を展望したわが国の教育の在り方について」（第一次答申）で「生きる力」が登場したのである。
　こうした動きを加速させるように「生き方の教育」としての進路指導をさらに充実させる形でキャリア教育が登場するのである。

## (2)　キャリア教育について

　キャリア教育が公の文書で初めて登場したのは，1999（平成11）年の中央教育審議会答申「初等中等教育と高等教育との接続の改善について」（以下「接続答申」）である。答申には，「キャリア教育（望ましい職業観・勤労観及び職業に対する知識や技能を身に付けさせるとともに，自己の個性を理解し，主体的に進路を選択する能力を育てる教育）を小学校段階から発達段階に応じて実施する必要がある」とあり，職業観・勤労観という価値観を育成し，主体的に選択できる能力の育成を小学校段階から始めることを求めた。それまで中学校，高校に特化してきた進路指導を，小学校段階から始める「生き方の教育」としてのキャリア教育への転換は画期的なものであった。
　その後，進路指導とキャリア教育の関係はあいまいなものであったが，2004年に文部科学省から出された『キャリア教育の推進に関する総合的調査研究協力者会議報告書～児童生徒一人一人の勤労観，職業観を育てるために』において，「進路指導の取組は，キャリア教育の中核をなすものである」と示され，進路指導とキャリア教育の関係が一応整理された。
　ただし，キャリア教育の中核になる進路指導が明示されているのは中学校，

高校の学習指導要領においてのみであり，小学校の学習指導要領には進路指導は位置づけられてはいない。小学校段階からの導入が求められたキャリア教育は，その中核となる進路指導が小学校学習指導要領に示されていないという矛盾を抱えたまま導入されたのである。

この矛盾は教育基本法の全面改正に続く学校教育法の改正によってやや解消されたといってよい。2006年12月，戦後初めて教育基本法が全面的に改正された。新教育基本法の第2条（教育の目標）では「職業及び生活との関連を重視し，勤労を重んずる態度を養う」とし，教育の目的に職業との関連や勤労を重視する態度を養うことが明記された。これを受け，2007年6月，教育基本法の理念を実現するため学校教育法の一部が改正された。学校教育法第21条では義務教育の目標を提示し，そのひとつを「職業についての基礎的な知識と技能，勤労を重んずる態度及び個性に応じて将来の進路を選択する能力を養う」とした。小学校を含む義務教育学校に対し「将来の進路を選択する能力を養う」ことを求めたことは大きな意味がある。なぜならば，戦後初めて，小学校に対し「進路を選択する能力」の育成を求めたからである。ある意味，進路指導の語句は使用しなかったものの，「進路を選択する能力」を育成することを小学校に求めたことは，小学校，中学校，高校が，進路を選択する能力を育成するための進路指導でつながったと考えられるのである。

それでは，進路を選択する能力の育成の必要性の視点から現状を見ていこう。図序-1は高校における進路指導の難しさを高校の進路指導担当を対象に調査したものであるが，2006年，2008年，2010年の「非常に難しい」にあたる数値が27.4%，33.8%，38.4%と増加している。さらに，大学・短大進学率別で40%未満のいわゆる進路多様校ではその数値が56.2%を占め，大短進学別では一番高い数値を示している。ここでは示されていないが，難しくさせている要因も調査しており，そのトップは「進路選択・決定能力の不足」で，66.0%を示している。

このデータからもわかるように，高校進路指導は，多くの課題を抱え担当教師たちは強い困難感を抱えている。その第一の要因として「進路を選択する能

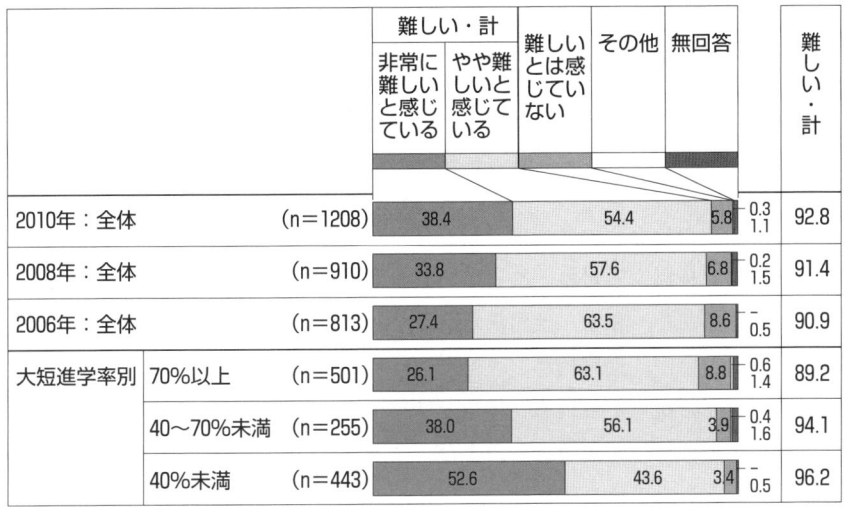

**図序-1　高等学校における進路指導の難しさ**

出所)「2010年高校の進路指導・キャリア教育に関する調査」『キャリアガイダンス NO.35』(リクルート) 2011年

力」の不足を挙げているところから、この能力の育成はいつの時代においても喫緊の課題となっていることがわかる。

　キャリア教育が登場して12年が経過した2011 (平成23) 年に中央教育審議会答申「今後の学校教育におけるキャリア教育・職業教育の在り方について」[3] (以下「在り方答申」) が出され、新たに「一人一人の社会的・職業的自立に向け、必要な基盤となる能力や態度を育成することを通して、キャリア発達を促す教育」とキャリア教育を定義した。この定義は、1999 (平成11) 年の「接続答申」定義の一部「主体的に進路を選択する」を生涯にわたるキャリア発達の視点で「社会的・職業的自立」と言い換え、そのために能力や態度を育成すると考えると、最初の定義がより簡潔に示されたと解釈できる。

## 3．北方教育実践を「生き方の教育」として考察する視点

　職業指導，進路指導，そしてキャリア教育に至る系譜を概観してきた。これらは「生き方の教育」の共通項で括ることができるかもしれないが，本書で重要なことは，検討する対象となっている北方教育とこれらの関係を明らかにしておくことである。まず，進路指導，キャリア教育と北方教育とは時代的に直接の関連はないが，進路指導，キャリア教育の関係性を構造化することで北方教育を考察する視点が生れる。本項では，キャリア教育との関係性における進路指導の活動の構造化の視点，および，キャリア教育で育成される能力や態度の伸長にかかわるキャリア発達の視点について扱う。次に時期を同じくした職業指導であるが，職業指導が北方教育に与えた影響は大きい。教育実践のみならず，教育理念の部分においても影響を与えている可能性が大きい。ここでは，当時盛んに行なわれていた職場体験（当時は職場実習と呼んでいた）について職業指導と北方教育との関連で論じる。さらに，考察する視点を，北方教育と職業指導との関係性において，3項目目には職場体験，4項目目には教育理念に設定し，考察を行なう。

### (1) 進路指導とキャリア教育を融合した視点

　既に触れたように，進路指導とキャリア教育との関係は「進路指導の取組は，キャリア教育の中核をなす」と示されたことで整理された。ただし，キャリア教育の導入にあたり，進路指導の活動を改めて振り返り，双方の関係性の明確な整理することが本書では不可欠である。ここに，それぞれの英語表記で示す。進路指導（career guidance）とキャリア教育（career education）の英語表記を比較すると，両者の相違は guidance と education との相違と考えることができる。進路指導はそれぞれ進路選択に結びつく guidance の場面である。一方，

キャリア教育は education であり，教育計画としての教育課程に基づいて小・中・高，あるいはその隣接する学校種へ拡大する教育の体系や継続した学習を強く意識させる。こうした関係性でキャリア教育と進路指導を捉えると，その中核となる進路指導の視点で北方教育実践を検討することは意義があると考えられる。

文部省は，進路指導の諸活動として以下の6つを挙げている[4]。

① 個人資料に基づいて生徒理解を深める活動と生徒に正しい自己理解を得させる活動
② 進路に関する情報を得させる活動
③ 啓発的な経験を得させる活動
④ 進路に関する相談の機会を与える活動
⑤ 就職や進学等に関する指導・援助の活動
⑥ 卒業者の追指導等に関する活動

これら6活動は，それぞれが独立して存在するのではなく構造的に成り立っていると考えられる。6活動の構造を説明するため図序-2[5]を参照されたい。また，それぞれの活動を，「① 自己情報の理解」，「② 進路情報の理解」，「③ 啓発的経験」，「④ 進路相談」，「⑤ 就職や進学への指導・援助」，「⑥ 追指導」と略記する。

構造モデルを説明する。まず，進路指導の活動の中心は，「① 自己情報の理解」である。端的には「自己理解」である。しかし，「自己理解」は自己を映し出すさまざまなツールが必要であり，それが進路情報にあたる。「自己理解」のための自己情報とは児童生徒の興味・関心や能力・適性等をはじめとするさまざまな情報であり，これらは進路情報にあたる。さらに言うと，進路情報とは，学ぶ機会や働く機会をはじめ自らの進路を考えるときに活用する情報すべてを指す。学校や仕事の情報に限定せず，児童生徒が授業をはじめとする教育活動を通して吸収する情報すべてがこれに当たるといっても過言ではない。

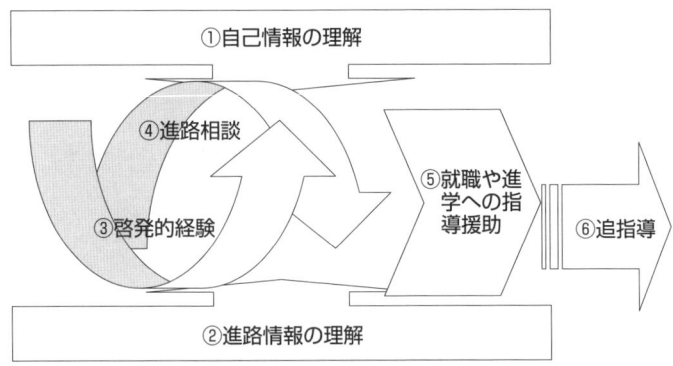

図序-2　進路指導6つの活動の構造モデル

　進路情報に触れ「自己理解」を促進する活動として「③啓発的経験」と「④進路相談」がある。前者は職場体験やボランティア体験をはじめとするさまざまな社会的体験活動であり，後者は主に「進路相談」を指すが，形態としては個別のカウンセリングに加え，グループ・カウンセリングを含んだ集団によるコミュニケーション活動に拡大して考えることができる。これら2つの活動により，自己情報と進路情報の接近・融合が促進し「自己理解」が深まり，そこに，価値観としての職業観，勤労観が形成されていくのである。ここで確認しておくが，ガイダンスとしての進路指導のひとつの活動に「進路相談」があるということは，わが国の進路指導ではカウンセリングをガイダンスとしての進路指導一部に位置付けているのである。本書の考察の視点のひとつである，北方教育が「生き方の教育」を行なう過程において，作文を通したガイダンスの道を拓いたとあるが，ここでのガイダンスにはカウンセリングも包含されることになるのである。

　しかし，学校には修業年限があるため，その期間内で効率的，効果的に自己情報と進路情報を接近・融合させ価値観を形成し，主体的な選択・決定へとつなげていかなくてはならない。進路指導ではこうした選択決定を修業年限内に成立させる活動として「⑤就職や進学への指導・援助」がある。この活動は新たな進路先へ移行を支援する活動であり，あくまでも児童生徒が移行先で適

応することを念頭に置いた活動でなくてはならない。この活動を「移行支援」として本文中では表現する。「⑥ 追指導」とは新たな進路先に移行した卒業者あるいは中退者に対して，その適応状況に対して指導を行なうものである。新たな進路に移行した者への継続指導であり，アフターサービスにあたる。この活動は学校教育において進路指導（当時は職業指導）が導入された昭和初期には「輔導」との呼称で行なわれた活動であり，学校と新たな進路先や社会と接点を吟味する非常に意義のある活動といえる。

以上，進路指導の6つの活動を構造的に述べた。キャリア教育を推進していく上で進路指導の6つの活動の構造を理解することは大変重要なことになってくる。それは，6つの活動が発達課題の各段階で求められるキャリア発達に関わる諸能力の育成の具体的な方策を構成するからである。さらには活動の展開により，勤労観，職業観が育成され，主体的に進路を選択・決定することがそれぞれの発達段階のレベルで可能になるのである。

### (2) キャリア発達課題の視点

キャリア教育ではキャリア発達がその促進の指標として設定され，小学校，中学校，高等学校のそれぞれの学校段階における発達課題が示されている。中学校キャリア教育における発達課題は，学校教育における小・中・高12年間における発達課題の一過程として捉えなくてはならない。文部科学省が示した小・中・高の発達段階におけるキャリア発達課題によると小・中・高では次のようになっている[6]。

小学校は「進路の探索・選択にかかる基盤形成の時期」とされ，自己および他者への積極的関心の形成・発展，身のまわりの仕事や環境への関心・意欲の向上，夢や希望，憧れる自己のイメージの獲得，勤労を重んじ目標に向かって努力する態度の形成等が発達課題とされている。

中学校は「現実的探索と暫定的選択の時期」とされ，肯定的「自己理解」と自己有用感の獲得，興味・関心等に基づく勤労観・職業観の形成，進路計画の

立案と暫定的選択，生き方や進路に関する現実的探索，等が発達課題として示された。

高校は，「現実的探索・試行と社会的移行準備の時期」とされ，「自己理解」の深化と自己受容，選択基準としての勤労観・職業観の確立，将来設計の立案と社会的移行の準備，進路の現実吟味と試行的参加，が発達課題とされている。

進路発達課題に即して育成をもとめる能力が，キャリア教育の登場の3年後である2002（平成14）年，国立教育政策研究所生徒指導研究センター『児童生徒の職業観・勤労観を育む学習プログラムの推進について（研究報告書）』にて，「職業観・勤労観を育む学習プログラムの枠組み（例）－職業的（進路）発達にかかわる諸能力の育成の観点から－」（以下「学習プログラムの枠組み（例）」とする）との形で示された。この「職業観・勤労観を育む学習プログラムの枠組み（例）」は，「人間関係形成能力」「情報活用能力」「将来設計能力」「意思決定能力」の4能力領域とその下位にある8つの能力に示された諸項目を発達段階に応じて示したものである。2004（平成16）年から文部科学省によって開始された「新キャリア教育推進プラン」では，小・中・高を含む47地域をキャリア教育推進地域として指定し，「キャリア教育の学習プログラム開発」を求めるまでになった。ここで示された能力は，その後，「キャリア発達に関わる諸能力」とされ，キャリア教育を実践する上での拠り所とされた。しかし，その後，「人間力」「就職基礎力」「社会人基礎力」等学校教育の枠にとらわれないさまざまな能力の提示が続き「キャリア発達にかかわる諸能力（例）」も見直しを迫られることになった。そこで，2011（平成23）年の「在り方答申」では，これまで「キャリア発達にかかわる諸能力（例）」として示された4能力領域を，人間関係形成・社会形成能力，自己理解・自己管理能力，課題対応能力，キャリアプランニング能力と組み替え，「基礎的・汎用的能力」と命名したのである。

両能力は，図序-3のように関係が示されている。時代によりこうした求める能力における変化はあるが，基本的には「生き方の教育」で求められるものは，根源的，原初的なものであり，北方教育実践を検討する一視点としては採

3．北方教育実践を「生き方の教育」として考察する視点　13

| キャリア発達にかかわる諸能力（例） | | | |
|---|---|---|---|
| 人間関係形成能力 | 他者の個性を尊重し、自己の個性を発揮しながら、様々な人々とコミュニケーションを図り、協力・共同してものごとに取り組む。 | 自他の理解能力 | 自己理解を深め、他者の多様な個性を理解し、互いに認め合うことを大切にして行動していく能力 |
| | | コミュニケーション能力 | 多様な集団・組織の中で、コミュニケーションや豊かな人間関係を築きながら、自己の成長を果たしていく能力 |
| 情報活用能力 | 学ぶこと・働くことの意義や役割及びその多様性を理解し、幅広く情報を活用して、自己の進路や生き方の選択に生かす。 | 情報収集・探索能力 | 進路や職業等に関する様々な情報を収集・探索するとともに、必要な情報を選択・活用し、自己の進路や生き方を考えていく能力 |
| | | 職業理解能力 | 様々な体験等を通して、学校で学ぶことと社会・職業生活との関連や、今しなければならないことなどを理解していく能力 |
| 将来設計能力 | 夢や希望を持って将来の生き方や生活を考え、社会の現実を踏まえながら、前向きに自己の将来を設計する。 | 役割把握・認識能力 | 生活・仕事上の多様な役割や意義及びその関連等を理解し、自己の果たすべき役割等についての認識を深めていく能力 |
| | | 計画実行能力 | 目標とすべき将来の生き方や進路を考え、それを実現するための進路計画を立て、実際の選択行動等で実行していく能力 |
| 意思決定能力 | 自らの意志と責任でよりよい選択・決定を行うとともに、その過程での課題や葛藤に積極的に取り組み克服する。 | 選択能力 | 様々な選択肢について比較検討したり、葛藤を克服したりして、主体的に判断し、自らにふさわしい選択・決定を行っていく能力 |
| | | 課題解決能力 | 意思決定に伴う責任を受け入れ、選択結果に適応するとともに、希望する進路の実現に向け、自ら課題を設定してその解決に取り組む能力 |

※事務局において作成

右側の分類:
- 人間関係形成・社会形成能力
- 自己理解・自己管理能力
- 課題対応能力
- キャリアプランニング能力

**図序-3**　「キャリア発達にかかわる諸能力(例)」と「基礎的・汎用的能力」の関係（イメージ）
（中央教育審議会答申「今後の学校におけるキャリア教育・職業教育の在り方について」（平成23年1月31日）注釈関係資料152頁より1部転載）

用可能なのではないだろうか。

### (3) 職場体験の視点

　中学校は，その発達段階「現実的探索と暫定的選択の時期」において，小・中・高12年間のキャリア教育の中核的段階に位置付けられる。さらに，中学校キャリア教育において重要な活動のひとつとして，キャリア教育の登場とともに拡大した職場体験が挙げられる。「職場体験＝キャリア教育」ではないが，多い場合は5日間にわたって行なわれる職場体験は中学校の教育活動全体で重要な位置づけにあることは間違いない。

　2005（平成17）年，文部科学省は，厚生労働省，経済産業省等の協力を得て，「キャリア教育実践プロジェクト」として5日間以上の職場体験を行なう学習活動である「キャリア・スタート・ウィーク」を開始した。同年，全国の134の地域において約1,000校が事業に参加した。その後，職場体験は着実な広がりを見せ，2011（平成23）年には，公立中学校における職場体験の実施率は96.9%となり，「5日以上」の実施率が17.2%となった[7]。

　職場体験を含む体験活動は，既にふれた進路指導の6つの活動のひとつである「③ 啓発的経験を生徒に得させる活動」にあたり，こうした進路指導の取組がキャリア教育の中核をなすのである。6活動の「啓発的経験」は「生徒の体験や経験を通して自己の能力，適性，興味，パーソナリティー，価値観等の確認，又，具体的・実際的な進路情報の獲得に役立つ諸経験である。これは生徒の観念的・抽象的な「自己理解」と「進路情報の理解」に具体性や現実性を与えるものである」[8]と説明されており，guidance の活動としての職場体験が，education としての中学校のキャリア教育に実践としてどのように機能しているかがカギとなるのである。

　実は，職場体験は学校における職業指導が開始された1927（昭和2）年直後から盛んに小学校で行なわれるようになった。当時は職業実習との呼称で行なわれていた。高等小学校卒業者の多くが就職したためであるが，職場実習とし

て主に夏季休業を利用して実施されており，職業指導専門誌にも特集が組まれていたのである[9]。

　現在の職場体験ではあまり見られないが，北方教育当時の職場体験は，多くが卒業後就職するというリアルな現実に直面していたため，その期間は長い場合は数週間続き，体験場所も多彩であった。もちろん，現在の職場体験と単純な比較はできないが，進路指導の6活動の視点からすると，啓発的経験として職場体験がもつ「自己理解」を促進する時代を超えた共通の機能を確認できるのではないだろうか。

(4)　教育理念の視点

　基本的には「生き方の教育」という概念規定については，1999（平成11）年のキャリア教育の定義「望ましい職業観・勤労観及び職業に対する知識や技能を身に付けさせるとともに，自己の個性を理解し，主体的に進路を選択する能力・態度を育てる教育」および，2011（平成23）年の定義「一人一人の社会的・職業的自立に向け，必要な基盤となる能力や態度を育成することを通して，キャリア発達を促す教育」を総合的に解釈し，次のように捉える。「生き方の教育」の究極の目的は，主体的に生き方を選択する（社会的・職業的に自立する）能力や態度を身に付ける教育を展開する必要があるということである。それは，学力，知識，技術，技能といった能力だけでなく，興味，関心，意欲，価値観といった態度的側面の育成も重要になってくるということである。

　ここに，両者を包括する「いかに生きるべきか」という「生き方」の問題が台頭してくる。その生き方は，もちろん，時代や境遇に左右されるが，その児童生徒に対するアプローチは平等でなくてはならない。つまり，児童生徒の人権が保障されなくてはならないのである。さらに踏み込むと，個人としての生存と自由を確保し社会において幸福な生活を営む権利である，「学ぶ権利」や「働く権利」を行使する能力・態度の育成をキャリア教育は推進するのであるから，その中核となる進路指導と合わせ，進路指導，キャリア教育は人権教育

の側面も併せもっているのである。こうした教育理念は，北方教育の実践の理念にも共通に確認されることを明らかにしていく。

こうした理念は，日米の職業指導の成り立ちにおいても確認できる。米国において，1908年，パーソンズ（Parsons, F.）がボストンの市民サービス館（Civic Service House）にて Vocational Bureau を設置し，職業指導を開始したことによって始まるとされている。当時の米国の心理学では child saving（児童保護）の精神が浸透しており，こうしたパーソンズの行動背景にもなっていたと考えられる。一方，わが国においてでは，1919年に三田谷啓（さんだや・ひらく）により大阪市立児童相談所で職業指導が開始されたことが公的な職業指導の始まりとされている。これらの時代は，世界的にはエレン・ケイ（Key, E.）の『児童の世紀』代表される児童中心主義が潮流となり，わが国の教育界においては新教育運動が盛んになった時代でもある。こうした時代の潮流の中で，生活綴方を教育方法とした北方教育と，個性尊重を旨として生まれた職業指導とが邂逅することに，わが国の「生き方の教育」実践の上でどのような意義があったのかを考察する。

## 4．本書の構成について

本書は，北方教育の全容を明らかにするために書かれたものではない。あくまでも，「生き方の教育」の視点でこの教育運動を眺めたものであり，進路指導，キャリア教育というフィルターを通し，史実として残されたものを中心に考察を展開していく。具体的には，進路指導，キャリア教育の系譜にある職業指導の視点で検討することになるが，その構成は，以下のようになる。

第1章では，職業指導について，その歴史的変遷をたどる。扱う時期は当然本論で考察する北方教育が実践された期間と一致しなくてはならない。

北方教育についていえば，1929（昭和4）年から1944（昭和19）年にいたる15年をその活動期間とするのが一般的である。1929（昭和4）年は，その後北方教育の活動の中心となる北方教育社が創立された年であり，この年を北方教

育の始まりとする。そのため，職業指導の方もこの時期からということになるが，実はこの年を遡ること2年，1927（昭和2）年に初めて学校教育の中で職業指導を行なう旨を明示した法令が発布されたのである[10]。そこで，考察の正確さを期す目的もあり，日本の学校教育における職業指導の導入過程まで遡り，職業指導の変遷を見ていきたいと思う。

次に，北方教育終結の時期である。北方教育における教育実践は，中心的同人6名が治安維持法違反で検挙されたことで組織的活動は事実上停止し，その後は個々の教室での活動に潜行する。こういう事実を考え合わせ，教育運動上その機能を停止した1940（昭和15）年を実質的な北方教育の終結時期とする。

この結果，第1章で扱う職業指導の変遷については，上記の北方教育の実践期間と並行させてるため，日本における学校教育への職業指導の導入期より，北方教育運動が事実上組織的活動を終える1940（昭和15）年までの期間で見ていくことにする。

次に，第2章から第5章までは本論の中心である北方教育について，その成立から終焉に至るまで見ていく。北方教育はその活動期間の中で成長，進化を遂げる。そのため，この活動を節目，節目で区切り，いくつかの期間に分割する考え方がある。その期間はそれぞれの研究者の考察する視点によってさまざまである[11]。本論では，北方教育の活動期間である1929（昭和4）年から1940（昭和15）年を次の4期間に分け，それぞれを独立した章で扱うことにする。

第1期（第2章） 1929（昭和4）年6月-同年11月
　　　　　　　北方教育社設立から，児童文詩集『くさかご』・『草籠』の第3号発行まで。
第2期（第3章） 1929（昭和4）年12月-1933（昭和8）年2月
　　　　　　　児童雑誌『くさかご』・『草籠』を改題した『北方文選』4号の発行から1933年2月の『北方文選』20号由利版発行の前まで。
第3期（第4章） 1933（昭和8）年2月-1938（昭和13）年3月
　　　　　　　『北方文選』20号由利版の発行から，『教育』（岩波書店）第6巻

第5号に掲載された東京・如水会館で行なわれた「生活教育座談会」の前まで。

第4期（第5章）　1938（昭和13）年3月-1940（昭和15）年11月
「生活教育座談会」から，中心的同人加藤周四郎，佐々木昂らの検挙まで。

　この時代区分については，いささか奇異に感じる方もいるだろう。時代区分を行なう場合，現象面，つまり出来事なり事件を節目に期間を設定するのが普通である。しかし，本論を考察する視点は，北方教育が，北方性という生活現実の中で「教師の指導や児童の生活」と「綴方」が相互に作用しながらひとつのうねりを作り出し，「生き方の教育」実践に収束するというものである。そのためここでは，この視点に立ち，現在資料として残っている児童文詩集，雑誌，その他の綴方や教師の論文の象徴的変換点を期間の節目にし，上記の4期間を区分する。

　北方教育については，数多くの研究者によって研究され，現存する資料も豊富である[12]。秋田大学附属図書館の北方教育コーナーの資料，北方教育同人の加藤周四郎氏ご存命の時の聞き取り調査資料に則り，実践によって生まれたものを，職業指導，進路指導，キャリア教育の系譜をもとに考察を進めていく。その過程で，北方教育が「生き方の教育」として進化，発展する過程で，職業指導との邂逅がどのように作用し，「生き方の教育」の構築に影響を与えたかを明らかにし，これからの「生き方の教育」の在り方について考察したい。

【注】
1）日本進路指導協会『日本における進路指導の成立と展開』1998年，118頁。
2）文部省『中学校・高等学校進路指導の手引－中学校学級担任編』日本進路指導協会，1983年（改訂版），6-7頁。
3）中央教育審議会答申「今後の学校教育におけるキャリア教育・職業教育の在り方について」2012年，16頁。
4）文部省「中学校・高等学校進路指導の手引き－進路指導主事編」日本進路指導

協会，1977年，22-28頁。
5）三村隆男『キャリア教育入門』実業之日本社，2004年，76頁。
6）文部科学省『小学校・中学校・高等学校 キャリア教育推進の手引』2006年，19頁。
7）国立教育政策研究所生徒指導・進路指導研究センター「平成23年度職場体験・インターンシップ実施状況等調査結果（概要）」
http://www.nier.go.jp/shido/centerhp/i-ship/h23i-ship.pdf#search=' 職場体験%20実施率 %20平成23年度 '（2012年9月22日確認）
8）文部省「中学校・高等学校進路指導の手引き 体験的・探索的な学習を重視した進路指導－啓発的経験編」実務教育出版，1984年，24頁。
9）82頁脚注103参照。
10）1927（昭和2）年文部省訓令第20号「児童生徒ノ個性尊重及職業指導ニ関スル件」にて，職業指導が学校教育の中に正式に取り入れられた。
11）北方教育同人の佐々木昂は，4期（佐々木昂「秋田の北方教育運動」『教育』第7巻第10号，岩波書店，1939年，115頁），北方教育研究者の戸田金一は，6期（戸田金一『秋田県教育史（北方教育編）』みしま書房，1979年114-115頁）に分けている。
12）北方教育については秋田大学附属図書館が主に所蔵しており，「秋田大学附属図書館北方教育資料コーナー目録第1集－1979－」（秋田大学北方教育研究協議会，1979年），「秋田大学附属図書館北方教育資料コーナー目録第2集－1981－」（秋田大学北方教育研究協議会，1981年），「北方教育関係資料目録第3集－1992－」（秋田大学附属図書館，1992年），「北方教育関係資料目録第4集－1992－」（秋田大学附属図書館，1992年），「北方教育関係資料目録第5集－1999－」（秋田大学附属図書館，1999年）に1999年までの資料が掲載されている。

# 第1章

# 学校教育における職業指導

　20世紀の初頭，第二次産業革命の影響を受け，いちじるしい工業化の波がおそい，大量の労働力を必要とするようになった。労働力の需要は当然若年の労働力にも至り，劣悪な条件下で働く青少年が数多く出た。こういった社会背景の中で，少年労働者を救済・援助する目的で職業指導への関心が一挙に高まるのであった。

　こうした影響下で職業指導に最も早く取り組んだのが米国であった。第二次産業革命による第二次産業の発展の中で多くの移民が集まったアメリカ合衆国では，一方では若年者の失業対策が課題であった。そこで職を求めてさまよう若年者への就業支援の手を差し伸べた活動から職業指導が始まるのである。1908年，パーソンズ（Parsons, F.）がボストンの市民サービス館（Civic Service House）に設置された職業相談の専門機関としてのVocational Bureauで初めてガイダンスを始めたとされている。この意義や経過については，デービス（Davis, J. B., 1925）[1]や行田忠雄（1976）らが指摘している。行田忠雄は，当時の様子とパーソンズの取り組みによる職業指導の誕生を次のように描写している。

当時ボストン市には，ヨーロッパ各地から多くの移民が流入しており，それらの人びとは，市の北郊のスラム街で困難な生活を続けていた。1901年，そこにセツルメント運動として「市民サービス館」が設けられたが，彼は著名な知識人の一人としてその活動に熱心に参加した。その結果，すぐにこの施設を利用している青少年の多くが職業の選択において指導を必要としていることに気付いた。彼は，これらの青少年が定職に就くまで平均6回転職していたことも観察した。

　青少年の転職は，技能の不足によるものと考えられたので，職業教育や職業訓練等の産業教育運動が活発に進められていた。しかしせっかく職業訓練を受けても一人前になれる者とそうでない者のあること，出たとこ勝負の職探しが多くの場合失敗の原因であることに気づいた。このようなことからパーソンズは，個別相談の必要を痛感し，自分の考えを念入りに仕上げたのであるが，そのことが彼を「職業指導」の創設に導いたわけである[2]。

　平易な記述であるが，産業動向や人口動態の変化の中，これまでの職業紹介や職訓練から職業指導・相談の概念が生成されている過程を明確に描写している。わが国の職業指導の導入も同様の過程を踏襲していくのである。

# 1．わが国における職業指導の始まり

　これよりやや遅れ，わが国でも同様の傾向下で，職業指導が開始される。1915（大正4）年，入沢宗壽が著書の『現今の教育』でアメリカ合衆国における vocational guidance を職業指導としてわが国に紹介し，職業行政を中心に青少年に対する職業指導が始まる。第二次産業革命による工業化により多くの農村青少年が都市に職業を求めて集中した。そこでは慶安，寄子，口入業[3]等の営利職業紹介所による不適切な職業紹介が行なわれていた。第一次世界大戦後の軍縮等の影響でわが国は経済不況に陥り，青少年はいっそう不利益な職業紹介に頼らざるを得ず，さらには無職という形で街をさまよったのである。

わが国における職業指導には,「児童保護」「社会事業」「教育行政」「職業行政」の4つの流れがあると考えられている[4]。この中で「児童保護」の流れが一番早く,1915（大正4）年に私設の青少年を対象とする職業相談所として,児童教養相談所が東京の本郷に開設された。こうした青少年を保護するため1919（大正8）年,公立施設として初めて大阪市立児童相談所で職業指導が始められた。同所は,満20歳未満を児童として扱い,相談事項の中に「児童職業の選択紹介及指導に関する事項」が明記されており,これをもってわが国職業指導の歴史の始まりとするのが一般的である。翌年,大阪市立少年職業相談所が開設され,年少者を対象とした独立の職業相談機関がわが国で最初に設置された。翌年の1921（大正10）年4月にようやく職業紹介法が公布され,主に成人を対象とした公立の職業紹介施設の設置が始まるのである。その4か月後,東京に東京市中央職業紹介所付設性能診査少年相談部として年少者を対象とした職業相談機関が開設されたのである。

　わが国の職業指導の起こりの根底には「児童保護」の精神が内在しており,それは劣悪な青少年の労働状況を見かねた労働,厚生行政から起こったものである。1921年,東京府職業紹介所およびそれに付設された少年職業相談所の双方の所長を兼任した豊原又男は,少年労働の問題性について次のように述べている。

　見習いとして雇用せらるる年齢に於いても尋常小学校を卒業したる時の年齢には,年若くして雇用せらるること少なく,従って両者（傭者と少年労働者…筆者注）の間に系統的支配補導を受けざるの期間に生ずるに至つたのであって,其期間に於て彼等の従事する職業或は仕事は一般に将来自己の職業とは全く関係なきものに従事することとなり,実際には彼等は自己の将来の成功に禍する所の一次的修正を助長する仕事に従事するのであって,之より彼等の受くる影響は不良なる方面のみであって毫も益する所がないのである[5]。

　ここでは,尋常小学校を卒業してまもない少年労働者の劣悪な労働環境を述

べ，こういった観点から職業指導は，児童保護の精神がその起源になくてはならないことを強調している。児童保護の精神から働く権利への移行についてどの程度意識していたかは定かではないが，その後，学校教育においても職業指導，職業紹介を求める声が大きくなり1925（大正14）年7月，内務，文部両省連名で通牒「少年職業紹介ニ関スル件依命通牒」が発せられる。当時の状況は「両省連名の形式をとりながらも，文部省側にはあまり熱意がなかったと伝えられている。この通牒は，職業紹介所側の職業指導については，全国的運動の出発点となったが，ほとんどの小学校においては旧態のままで，上級学校に進む児童の準備教育にだけ没頭していて，進学や選職上の指導は，全然顧みられていなかった。」[6]とされ，大正末期までは学校教育における職業指導は一般的には低調であった。これは最初の職業指導に関する通牒であり，わが国学校教育に於ける職業指導の本格的幕開けを意味するものである。ただし，積極的であったのは職業行政であり，教育行政はその勢いに追随していたのである。依命通牒では次の部分で小学校卒業者への職業指導の充実，およびそのための関係諸機関の連携を強調している。

1　少年ノ職業指導ノ為メ小学校教員職業紹介所職員，医師其他ト密接ナル連絡ヲ図リ必要ナル場合ニハ此等ノ者ニヨリ組織スル職業紹介ノ委員会ヲ設クルコト
2　小学校ハ小学校卒業後職業ニ従事セントスル者ニ付必要アルトキハ卒業前本人ノ学業，体格，性質其ノ他参考トナルヘキ事項ヲ職業紹介所ニ通報スルコト

特に，「職業紹介ノ委員会」はその後重要な役割を果たす。大阪市では大阪市職業紹介委員少年部が作られ少年職業紹介所と学校との連携が本格化する。さらにはその組織が母体となり大阪市少年職業指導研究会の組織化へ発展する[7]。

## 2．学校教育における職業指導の導入

　1925（大正14）年の「少年職業紹介ニ関スル件依命通牒」は，子どもの学業，体格，体質，性質，能力を参考に職業紹介を行なうという適材適所の精神が見うけられるが，あくまでも卒業時の職業紹介という出口の指導に限定されていた。その後，初めて教育的機能としての職業指導について言及したものが，1927（昭和2）年11月25日文部省の発した「児童生徒ノ個性尊重及職業指導ニ関スル件」の訓令第20号および通牒である。同訓令の前文には「学校ニ在リテハ平素ヨリ児童生徒ノ個性ノ調査ヲ行ヒ其ノ環境ヲモ顧慮シテ実際ニ適切ナル教育ヲ施シ各人ノ長所ヲ発揮セシメ職業ノ選択等ニ関シ懇切周到ニ指導スルコトヲ要ス是ノ如クシテ国民精神ヲ啓培スルト共ニ職業ニ関スル理解ヲ得シメ勤労ヲ重ムズル習性ヲ養ヒ始メテ教育ノ本旨ヲ達成スル」と示されている。もちろん，国家体制，時代背景，就労システム，学校制度等が異なり一概に比較することはできないが，その趣旨は，その後の進路指導，キャリア教育の原点ともなるのである。さらに前文には「……学校卒業後ノ進路ニ関シ青少年ヲシテ其ノ性能ヲ適スル所ニ向カワシムル……」と適材適所の精神を標榜し，次の事項を各学校において「特ニ深ク意ヲ用フヘシ」とし掲げている。

1　児童生徒ノ性行，知能，趣味，特長，学習状況，身体ノ状況，家庭其ノ他ノ環境等ヲ精密ニ調査シ教養指導上ノ重要ナル資料トナスコト
2　個性ニ基キテ其ノ長所ヲ進メ卒業後ニ於ケル職業ノ選択又ハ上級学校ノ選択等ニ関シテハ適当ナル指導ヲナスコト
3　学校ハ前掲ノ教養指導等ニ関シ父兄及保護者トノ連絡提携ヲ密接ニスルコト

　上記の2にある「個性ニ基キテ其ノ長所ヲ進メ」の部分に，この訓令がもつキャリア発達の視点からの進路意識の形成が現れている。この部分こそ，学校

における職業指導の教育的機能として最も強調されるべきであり，ここには主体的な進路を選択する能力や態度の育成につながる可能性が内包されている。

また，通牒の内容は，訓令に加え「職業紹介所との連携」および「師範学校などの教員養成系の学校でこの趣旨を徹底せよ」の2点を強調している。後者は教員養成の段階で職業指導の実践力育成を狙ったものであろう。

訓令および通牒の内容を教育現場でより徹底させるため，そのマニュアル的なものとして，訓令の1か月後に文部省構内実業補習教育研究会の編集による『児童生徒の個性尊重及び職業指導』が発行された。871ページにおよぶ本書の内容は，前編に第1章「職業と個性」（14項目），第2章「職業指導と教育」（19項目）第3章「性能と適材適所」（13項目），第4章「職業指導と実際案」（18項目）をあげ，後編として第1章「青少年指導と教育」（7項目），第2章「社会・人生・宗教」（8項目），第3章「道徳・経済・思想」（7項目），第4章「我國家と其の発展」（6項目）と合計92項目についてそれぞれの分野の一人者（同書「緒言」によると「斯道に権威ある多数諸先輩」）が担当している。内容は多様であり，職業指導に対する持論，海外の職業指導の紹介等をはじめ，社会学，心理学，哲学等さまざまな視点で職業指導およびそれにまつわる内容を論じている。

「緒言」に続く「児童生徒の個性尊重及職業指導に関する訓令及通牒要旨畧説」（文部省普通学務局）では，職業指導をつぎのように略説している。

学校教育が児童生徒に対し，一般国民として共通的に必要なる素養を与ふると共に，団体的訓練の成果をも収め，同時に又個人教育の長所も併行せしめて，適材を適所に向はしめ，独り当人の成業を助くるのみならず，国家産業上の能率を増進して国運の進展に寄与する所以は畢竟以上の要義に帰するのである[8]。

ここでは，教育機関として学校が，児童，生徒にどのような機能を果しているかについて記述され，学校教育は「当人の成業を助くる」という機能と，「国家産業上の能率を増進して国運の進展に寄与する」という機能を同じレベ

ルで扱っている。しかし，これに続く部分の中に次の箇所がある。

　職業指導は児童生徒に対し其の学校在学中，個性環境等に基いて職業に必要なる素養を与え，愈々学校卒業の際に於いては将来執るべき職業の選択，又は進むべき上級学校の選択等に就き各人の資質に応じて適当なる指導を加え，尚其の就職後の補導等を意味するのであるから，其の要旨は全く教育の本旨に包含せらるべきものであって，假令職業の選択に対する指導に伴ふて職業紹介所の事務と密接なる連絡を要する場合ありとするも，其の根本要義は決して労務の需給関係に胚胎するものではないのであるから，教育の本旨を達成するに於ては所謂職業指導の目的も自ら貫徹せらるゝのである。この点は特に深く教育当事者等の留意を要することゝ思ふ[9]。

　文中の，「其の根本要義は決して労務の需給関係に胚胎するものではない」に注目していただきたい。前文の「国家産業上の能率の増進」や「国運の進展に寄与」の富国強兵的考えをこの部分は限定している。富国強兵はあくまでも前提であり，職業指導とは極めて個人的なものであり，労働の需給関係等という外的要因に左右されるものではないと定義していると考えてよいのではないだろうか。ここに，職業指導導入時点でのわが国職業指導にはこうした職業指導の理念とも言える見解が存在していたことを確認することができる。

## 3．1927（昭和2）年以降の職業指導について

　当時，小学校では中学校入試への受験指導が過熱しており職業に就くための指導はほとんど関心が示されなかった。進学については熾烈な受験戦争が展開されていた。尋常小学校を卒業したごく少数が中学校や高等女学校に進学したが，1921（大正10）年に大阪府下の中等学校，主に中学校および女学校へ入学した保護者にアンケート調査を行なった結果がある。

## 3. 1927（昭和2）年以降の職業指導について

　中学校入学準備中の健康状態は405名中準備中に痩せたるもの105名，血色悪くなりしもの53名，食欲の減じたるもの69名，近眼になりしもの64名，睡眠十分ならざるもの44名，頭痛ありしもの179名，気のふさぎしもの73名，鼻出血のもの45名，癇癪を起こせしもの77名，心配せしもの195名であった。

　高等女学校入学の為めに健康を障碍せしものは1270名中準備中に痩せしもの304名，血色悪くなりしもの188名，食欲の減じたるもの164名，近眼になりしもの228名，睡眠十分ならざりしもの170名，頭痛582名，気ふさぎありしもの238名，鼻出血のもの122名，癇癪を起こせしもの264名，甚だしく心配せしもの622名であった[10]。

　一方，熾烈な受験戦争を乗り越え入学後の中学校の状況は「大正十四年度に於ける中学校の生徒数は三十万五千人を算するが，同年度の半途退学者は二万七千人であった。後者の前者に対する比は実に一割に近い。然もこれを学年別にした内訳を見ると，2・3・4学年に於て最も多い。即ち折角中学校に入つた喜び若くは栄誉を荷ひながら，短きは僅か一年足らず，長きも3年といふ中途半端で学校を退く者がこんなにあるのである」[11]と記されているように中学校における不適応が顕著な問題となっていた。

　この点は当時の文部省にとっても看過できない状況であり，「昭和二年十一月二十二日中学校令施行規則を改正し，入学者選抜の方法として従来の学科試験を廃止することとした。同日，文部次官通牒で中等学校入学者選抜方法に関する準則を指示した。それによると，小学校長の報告書，人物考査，身体検査によって入学者の選抜を行なうこと，人物考査（常識，素質，性行）に口頭試問の方法を用いること」[12]とした。小学校における中学校準備教育の弊害を解消するための文部省の大改革であったが，その実施は十分な理解を得られないまま進行し，途中で筆記試験の復活等もあり小学校における準備教育の改革は頓挫した。しかし，1927（昭和2）年は，訓令第20号「児童生徒ノ個性尊重及職業指導ニ関スル件」が発せられた年である。くしくも同年に小学校における中学校への準備教育の改革が試みられた事実は，個性尊重を旨とした職業指導

の理念が大きな潮流となる時代が到来したといえる。

　1927（昭和2）年の訓令の発布と前後し，同年4月に文部省が職業指導に造詣の深い学識経験者をあつめ職業指導協議会を開く。この開催が契機となり，これまであった私的研究機関の職業指導研究会が発展的に解消し，1928（昭和3）年，大日本職業指導協会（現在の日本進路指導協会）が結成された。結成時の理事長は，田中寛一であった。

　大日本職業指導協会は翌年より機関誌『職業指導』を世に出し，1932（昭和7）年には文部・内務両省共管の財団法人に改組し，戦前戦後を通じて唯一の職業指導の研究団体として今日まで活動を続けることになるのである。大日本職業指導協会は翌昭和3年には小学校高等科および中学校用の職業指導副読本として『職業指導読本』を発行している。その後，地方自治体あるいは各学校現場で優れた実践がなされ，書籍あるいは研究冊子等へその思潮や研究成果が掲載されるようになったのである。

　大日本職業指導協会は，その設立趣旨からして職業指導の高揚を目的としていた。その中心的事業とし，1929（昭和4）年より全国職業指導協議会を開催し，職業指導の普及に努めた。これには全国から職業指導担当者およびこれに関心のある人達が集まり，講演を聞いたり，研究をもち寄ったり，討議を行なった。同協議会，戦前においては1943（昭和18）年までの15年間で15回，文部・内務（後の厚生，その後厚生，労働，総理府となる）省の後援で開催された。また，この会では毎回，宣言を行ない，また大臣等からの諮問に対する答申を行ない，わが国の学校教育における職業指導の方向性に大きな影響力を与えた。

## 4．全国職業指導協議会に見る職業指導担当者の変遷

　職業紹介所は各地方自治体の監督下にあったため，学校との協力関係は自治体によりさまざまであった。このような状況下で大日本職業指導協会は，学校教育における職業指導の普及，促進のため全国職業指導協議会を開催し，数多くの宣言や答申，建議等を表明してきた。ここでは特にその中で職業指導担当

者の学校内配置について触れた部分を取り出し，当時どのような形での職業指導を学校教育の中で求めていったかその概要を【資料1】に示す。同資料には各回の参加者数が示され，当時の職業指導への関心の度合いも知ることができる。

資料1に示すように「職業指導担当者」に係わる項目だけに絞って，宣言，答申または建議を見ていっても10数年という短い期間の間に目まぐるしく職業指導を取り巻く情勢が変化していったことがわかる。第1回～第3回には，職業指導担当者が学校の職員か外部からの派遣職員かで揺れている。同様な傾向で第4回から第5回では職業指導を行なう上で学校と紹介所どちらが優先されるべきかに揺れ，大日本職業指導協会提出協議題(2)「職業指導上教育機関，職業紹介機関等相互の連絡に於て特に留意すべき事項」の答申として，「2．就職前に於ける指導は，主として学校之に当り，就職並に就職後の指導は，職業紹介所中心となりて之を行ひ，相互提携協力すること」と整理された。第6回では，これまで以上の充実が意図され，専任視学の設置，職業相談所の設置並びに第7回の職業指導における教員研修と発展していく。また，第7回での「連絡上の遺憾の点」との記載から，答申や建議で示された学校と紹介所との連携であるが，必ずしも円滑にいっていなかった様子がみてとれる。

一方，並行して職業指導施設や学校における職業指導の専門性を認識した上での施策の要求が，「学校には職業指導主任を置き」「教員養成機関に職業指導科を特設」（第4回），「職業紹介所職業相談所等ノ社会施設ニ於テ職業指導ニ任ズルモノニ一定ノ任用資格ヲ規定シ且当局ニ於テ之ガ適当ナル養成機関ヲ設クルコト」（第9回）等に見られる。職業指導の専門職の設置は，1953（昭和28）年の職業指導主事の設置をまたなくてはならない。

また，第5回から再度出てきた「紹介所の国営化」の建議は，前回に比べ宛て先に陸軍，海軍両大臣が加わり，国営化は同年現実のものとなったのである。

当時の職業紹介状況については「職業指導担当職員を定めた学校が増加し，六大都市の一部には専任をもつ学校もできた。……などの状況でむしろ学校側が職業紹介所をリードする立場の場合も少なくないほどであった。」[13]との記

述があり，現実に学校主導型で職業紹介が行なわれた事実も存在していたようである。職業指導科の設置，教員養成機関に職業科を設置し職業指導のできる教員の養成，および教員研修と職業指導における学校教育のウェートはますます高くなる一方である。それに加えて，実際に学校が職業斡旋を行なっていたとすると，まさにこの時期に，日本の学校教育特有の職業指導システムが模索され始めた時期といえるのではないだろうか。

　一方アメリカでは，校内のガイダンスカウンセラーに職業指導を一任し，学校教育機関外での職業指導に関する理論研究が盛んになる等，どちらかというと教科指導を担当する教師の職業指導におけるウェートが軽くなっていった。これに対し日本では，職業指導が学校内で教育活動をする全教員にかかわるものとして捉えられていき，卒業前の児童に対する職業指導について在籍校に負う所が大きくなる。卒業時にはほぼ全ての卒業者の進路先（特に就職先）が在校中に決定していることが当然と考えられるようになった。これは，戦後，1949（昭和24）年の職業安定法の改正により，新規学卒者の職業紹介は学校がその業務の一部（27条）分担，あるいは学校長が無料職業紹介所を開設する（33条の２）という条項に繋がるのである。そしてその担当者として1953（昭和28）年に職業指導主事が制度化され，学校における職業指導組織の中枢，ならびに運営の責任者としての位置づけが明確になったのである。この時期からして，学校教育が卒業者の進学指導と就職指導の両方をまるがかえした，日本独自の学校教育における進路指導の特殊な姿が完成するのである。この傾向は，溯ること昭和初期の日本における職業指導の草創期に端を発していたのではないかと思われるのである。

　大日本職業指導協会は職業指導の普及にも力を入れ，1930（昭和５）年６月21日には文部省，内務省，東京府，東京市後援のもとに全国職業指導デーを開催し，東京に於ける第１回東京職業指導大会をはじめ，鹿児島，山口，門司，福島，木更津，等全国的に職業指導の催しを開催した。第１回東京職業指導大会では，日比谷公会堂に３千人の児童を招待して盛大に開催した。

# 5．1931（昭和6）年の職業指導に関する動き

　1927（昭和2）年の文部省訓令第20号の公布以来，学校教育に於ける職業指導の普及はめざましく，1931（昭和6）年から1933年（昭和9）年にかけては戦前におけるそのピークを迎えるといってよい。同時期に活動を活発化させている北方教育への影響も少なからず存在していたと考えられる。ここでは，職業指導の発展過程における実践の状況や職業指導論について触れる。

## （1）　職業指導調査協議会

　文部省は1931（昭和6）年11月，その諮問機関として職業指導調査協議会を発足させる。この協議会は「広く各種の学校その他各方面において行われる職業指導のあり方について検討すること」[14]を目的に文部省内に設置され，15人の委員が委嘱された。16事項におよぶ文部大臣の諮問事項に対し，1937（昭和12）年までにつぎつぎに答申がだされ，それらはわが国の学校教育に於ける職業指導の指針となっていくのである。こういった意味で，この1931（昭和6）年は，わが国の職業指導が展開期に入ったと考えてよいのではないだろうか。さらに，この協議会では職業指導の範囲について議論され，その過程で職業指導に胚胎する「理論」と「実践」のジレンマが表面化したとされている[15]。

　以下，16項目に亘る諮問事項を示す。
- 輓近ノ経済事情ノ変化，各種職業ノ分化，産業経営方針ノ転化等ニ顧ミ，職業指導上，個性ノ伸展並ニ実際生活ニ適セシムベキ施設要項
- 一般教育ニ於テ職業ニ対スル正シキ観念ヲ与ヘ，職業精神ノ涵養ニ努ムルコト
- 一般教育ニ於テ産業並ニ社会情勢ニ応ズル職業ノ知識ヲ啓培シ，各種職業ニ対スル理解ヲ深ラシムルコト
- 尋常小学校ニ於ケル職業指導施設要項

○高等小学校ニ於ケル職業指導施設要項
○教育機関，職業紹介機関等諸関係諸機関ノ連携連絡ヲ全ウスルコト
○雇傭主団体，労働団体等産業的諸団体，図書館，博物館等ノ社会教育施設又ハ市民館，感化院等ノ社会事業施設ノ協力ヲ求ムルコト
○雇傭主及父兄ヲシテ職業指導ノ趣旨ヲ理解セシムル途ヲ講ズルコト
○実業補習教育制度，徒弟制度，労働時間制度等ノ改善ニヨリ労働青少年ニ対スル職業指導ノ周到ヲ期スルコト
○労働青少年ニ対シ，ソノ健康及能力ニ関スル証明書ヲ交付スルノ制度ヲ定メソノ就職並ニ保護ニ便ナラシムルコト
○職業衛生ニ関スル知識ノ普及ヲ図ルコト
○異常青少年ノ職業指導並ニ不具者ノ再教育ニ関スル方法ヲ講ズルコト
○中学校ニ於ケル職業指導施設要項
○青年学校ニ於ケル職業施設施設要項
○女子中等学校ニ於ケル職業指導施設要項
○師範学校ニ於ケル職業指導施設要項

(2) 職業指導に関する書籍の発行

　わが国に根づき始めた職業指導が展開期に入らんとする1931（昭和6）年には，単行本として数多くの職業指導に関する書籍が出版された。以下に示すが，これだけ多くの書籍が発行されたということは時代の要請もあったからであろう。戦前における職業指導の盛り上がりを感じる事ができる。
　東京市職業指導研究会編集『尋常小学校に於ける職業指導』（日本教育協会出版部）／谷口政秀『職業指導基礎論』（厚生閣）／大伴茂『職業指導学』（同文書院）／水野常吉，谷口政秀『職業指導軌範』（富山房）／杉原勇『個性調査と職業指導の実践』（人文書房）／守田保『実際的職業指導法』（東洋図書会社）／東京市職業指導研究会『小学校職業指導教材解説』（三省堂）／桐原葆見『職業指導資料選集』（大日本職業指導協会）

この中の一冊，東京市職業指導研究会編集『尋常小学校に於ける職業指導』（日本教育協会出版部）を取り上げ，学校教育の中での職業指導の展開を見ていきたいと思う。

## (3)　学校教育の中での職業指導の展開

　1931（昭和6）年，東京市職業指導研究会編集は『尋常小学校に於ける職業指導』を世に出している。これは，2年前の12月各小学校に配布した冊子「尋常小学校の職業指導綱領」をより充実発展させたものと思われる。当時，その卒業者の多くが就職する高等小学校における職業指導が一般的であったが，尋常小学校の職業指導の教本は興味深いものがある。
　内容としては，「第一章　尋常小学校の職業指導観，第二章　尋常小学校各科職業指導の主眼点と方法，第三章　職業指導に於ける各科の取扱，第四章　各科の職業教材及指導上の着眼点」と理論から実践に至るまでの職業指導が述べられている。各教科を通した職業指導に重点が置かれているが，自己理解に関する記述が幾つかあるのであげておく。先ず第二章「第一主眼点」の六に「自己発見並に判断」（10頁）に「自己を見出だすことは自己の為に必要であるのみならず，社会人の中に生存する対一人としても必要なことである。選職上に於ても亦た就職後に於ても常に自己を正しく見詰め，其判断に於いて誤ることなくば其処の立場を失はず自己の進路を発見し得るだろう。それ故に自己発見並に判断に於ける関係教材を中心として常にその啓発指導に努むべきである。」としている。さらに，第三章には修身，読方，綴方，書方，算術，地理，国史，理科，図書，唱歌，体操，手工，裁縫のそれぞれの科による職業指導についてその方針や取扱の要点が書かれている。綴方については，教科書が存在しないためより柔軟な運用ができ，同書でも自己理解の機能としては最も期待している教科となっている。先ずその指導の方針のところで「綴方は児童自らの生活を文にあらはし，自らの生命を伸展せしめることを目的とするが，職業指導上に於いても，自己の内省を深からしめることは勿論なるも，特に事物に

対する精密なる観察記述の力を養い，実用的文章に熟達せしめる事が肝要である。」(41頁)とし，綴方を通して生活を知るという生活綴方に近い考えを示しているが，「実用的文章に熟達せしめる」と最終的には実用性に重点を移している。また，「(1)自己内省を深からしめること」では「自己内省は大我に向かつて躍進する生命の伸展を意味するもので，又個性の特長を発見させてそれを太く強く育てしめることにもなるのである。従つて其の指導によつて内面的生活に進むことになり，軽率より慎重へ，粗雑より周到へ，興奮より冷静へ，共通性より個性へといつたやうに，職業生活上有益なる習慣性が養成せらるゝことになるのである。」(41-42頁)と自己内省は最後は職業生活に有益に習慣性が身につくとその実際的メリットを強調している。

　ここに，進路指導の6活動における「自己理解」の重要性がこの時代の職業指導で認識され，その方法として綴方が取り上げられていることは注目に値する。

　第四章では，第三章であげた各教科の教科書にある項目を材料とし，職業指導を行なう場合の指導上の着眼点を並べている。特に「綴方科」の指導方法について見る。1年生の指導事項から見ていくと，各学年の発達段階に合わせた内容がうまく盛り込まれ学年毎に並べられていることがわかる。しかし指導方法や着眼点があまりにも抽象的であり，ましてや「綴方科」には教科書が存在しなかったわけであるから，これを充実した形で展開し，効果をあげる指導を行なうにはその教材準備および授業展開等の点で創意工夫が必要となってきたであろう。

　職業指導では「自己理解」の一つとして生活現実の把握が不可欠である。この生活現実は，子ども達が日々の生活を営む地域，社会階層によりさまざまである。その生活現実の把握の方策を同書は綴方科をはじめ各教科で一般化された理論内容を展開し示している。個別性の強い生活現実の理解を一般的方策によって展開するには，その一般的方策を目の前にしている子ども達の生活現実に適応した方策に作り変える個々の教師の力量に負う部分が大きい。職業指導における「理論」と「実践」との乖離の一つの要因はここにあり，個別性の強

い生活現実理解にどう理論がアプローチできるかがその解決策といえるのではないだろうか。

## 6．寺沢巌男による職業指導論

　1933（昭和8）年6月発行の『教育学研究』（東京文理科大学教育学会編集）に東京文理科大学教授の寺沢巌男が「社会的考察に依る職業指導」[16]を書いている。彼はまた，大日本職業指導協会の結成時の理事3名（他2名は水野常吉と川本宇之介）の一人でもあり，また同会の研究部長として調査研究に尽力した。その上，職業指導教科書編集委員，農村社会調査委員を歴任しており，当時の実践的理論家の職業指導に対する見解という意味でもこの論文は貴重である。

　まず，「完全な職業指導には，適職の選択指示，準備としての職業陶冶，就職の紹介及び就職後における補導」なる見解を述べ，先にあげた東京市職業指導研究会編集の『尋常小学校に於ける職業指導』と同様に小学校における職業陶冶を一般的職業陶冶とし，1．職業意識を覚醒せしめる事　2．職業選択の自覚を与える事　3．自己反省（自我の発見）　4．一般の職業に関して必要なる諸種の知識及び徳性を得しめ　5．訓練に依って，職業上緊要なる勤労等の習慣を獲得せしめる，の五つに分類している。職業指導の諸活動における寺沢の見解である。ここでは「3．自己反省（自我の発見）」が「自己理解」にあたるのであろう。

　次に本題に入りその前半で，社会的考察（産業動向）をみすえた中での職業指導について述べ，産業界の需要に応じるためには各自の種々の性能に注目する必要性を説き，職業指導を職業政策の下位に位置づけている。しかし，次に紹介する部分からわかるが，職業政策と国策とは区別し，職業指導と国策との関係については論及を避けている。

　若し国家の運命の大局より見て，将来国家の如何なる方面を興隆せしめざる可からざるが故に，其の如何なる方面に可及的多数の人材を配置せざる可から

ずとするが如き見地の下に，職業指導をなさんとする場合には，そは最早職業政策の上に立つ職業指導でなくして，国策の上に立つ職業指導であるとして，之を分別して考へるのが至当である。而して斯くの如き意味に於ける国策の上に立つ職業指導に関しては，暫く茲に論及する事を避ける事とする。一国生業の凡てに於いて過剰労力を生じたる場合に於いては最早職業政策の如何に拘らず，そこには必然的に失業者の氾濫を生ずる。之れを救済せん事も亦国策の関する所であつて，職業政策の力の及ぶ所ではない。教育者が教育上職業指導を為さんとする場合には，其の性質上必然的に上に述べたるが如き意味に於ける職業政策には多少の程度に於いて関与せなければならぬ事となるのではあるが，進んで職業上の国策に迄も参与すべきであろうか否や。それも亦茲には論及しない事とする[17]。

敢えてこの話題に触れるということは，先に紹介した1927（昭和2）年発行の『児童生徒の個性尊重及び職業指導』の署説の職業指導に対する見解から離れ，職業指導にとって避けることのできない大きな時代の流れが押し寄せてくる事を予見していたのではないだろうか。本題の後半では資料をもとにして社会的考察を行なっている。その中に「全国小学校卒業生帰趨状況」（昭和5年内務省調査）があり，当時の小学校卒業者の進路状況が具体的数値で把握できるので掲載する。【資料2】

まず，尋常科の児童の卒業後の進路状況を見ると，進学72.7％，就職23.8％である。進学者の殆どは小学校の高等科へ進級するわけであるが，一方，12歳という幼い年齢で家事を含め実社会に出ていくものが約4分の1いることも忘れてはならない。この男女の内訳では女子が男子の倍であり，就業先としては家事が中心である。高等科については，半途退学も含め進路先としては，進学16.7％，就職76.7％となっており，8割弱の生徒が就職している。こうして見ると，小学校の尋常科や高等科の卒業生の就職率（就業率）は，現在の中学生，高校生，大学生[18]より早い時期に高い値を示し，多くの者が卒業時に人生を決する岐路に立たされているという現実を知ることができる。また，合計の項

目の数値から就職者の69.2%は家業に就いている事が分かる。家業の大部分は農業を指し，就職者の半分以上が家業に就くこの現実から，当時まだ日本が農業を主産業とする国家であったことがわかる。

　現実としては，当時，小学校では中学校入試への受験指導が過熱しており職業につくための指導はほとんど関心が示されなかったことは既に触れた通りである。

　この事実は，当時の職業指導を論じていく上で大要なポイントとなるので記憶に留めておきたい。

## 7．雑誌『教育』における職業指導の特集と職業指導の理論

　寺沢厳男の論文発表と同年の1933（昭和8）年に創刊した『教育』（岩波書店）では，その年の9月号に『職業指導』を早々と特集している。内容は「学校教育と職業指導」「労作と教育」「職業指導の実際（実践報告含む）」「学校・紹介所・求人よりみたる職業指導」の4本の柱で，理論，実践，広い視野からの職業指導観と111ページにわたった取り扱いをしている。

　「職業指導の実際」の項の初めに，服部蘐（東京市愛宕高等小学校校長）は「全国の統計によれば尋常小学校卒業生の22%が全く学業を去つて職業界に入つて行く。ほんの僅かな基礎的な訓練を受けただけの身も心もか弱い子どもが複雑な社会に躍りこんでいく。多くは親の犠牲の為である。しかも其の職業は多くは行詰まりの職業である。上級学校にいく子どもは到れり盡せりの指導を受けて居るが此の種の子どもは殆んど何等の指導も受けて居ない。此處に亦職業指導の問題が起る。高等小学校の卒業生は殆んど全部と云つてよい程，多く職業界に入って行く。であるに拘らず此等の子どもの受ける教育は依然として，尋常小学校教育の補足的なものであつて，何等完成教育としての教育を施されても居なければ，又職業界に入る準備も指導も受けて居ない。ここにも亦職業指導の必要を見る。」[21]と述べ，既に当時の格差社会の中で職業に就くための

準備教育がなされず就業する多くの子どもたちの存在を前に，小学校における職業指導の必要性を強調している。

また，この項では尋常および高等小学校の6校の実践報告がされている。これは，1927（昭和2）年の訓令後，学校教育の中に職業指導がどのように浸透し，展開されていったかを知る貴重な資料と言える。無論，職業指導先進校の実践報告であろうが，当時の尋常および高等小学校における職業指導の概略をつかむことができるので触れることとする。

まず，二葉高等小学校（新潟市）の実践報告を取り上げるが，この年，1933（昭和8）年の4月に，職業指導調査協議会が文部省に答申した「高等小学校に於ける職業指導施設要項」が同校の実施事項と対照し掲載されているので載せておく。実際の要項をコンパクトに縮めたものである。内容的には，1927（昭和2）年の訓令当時の職業指導にかかわる記述に比較し，より学校教育の中で実践しやすいような職業指導の方策が列挙されている。多くの学校は，こうして示された項目を元にそれぞれの職業指導体系を作り上げていったのである。

　　　（高等小学校に於ける職業指導要項）
　一，職業精神の涵養方法
　　（イ）職業指導科並各教科に於ける取扱　（ロ）訓話　（ハ）共同労作
　二，職業知識の啓培
　　　職業の理解
　三，児童の調査
　　（イ）家庭環境の調査　（ロ）身体状況調査　（ハ）出欠席状況調査
　　（ニ）学業成績調査　（ホ）個性調査
　四，適職選択の指導方針
　　（イ）左の条件を基礎として指導すること
　　　　身体，環境，家庭の意見，学業，個性，職業事情等
　　（ロ）不適職を指摘し適職を指示すること

身体上の不適職　　学業上の　〃　　個性上の　〃
　　　職業事情上の　　〃
　五，就職指導
　　　就職指導は関係機関と連絡を密接にして教育的に行うこと
　六，進学指導
　　　上級学校入学希望の児童に対しては学校の系統及内容を知らしめ特に職業と学校との関係を明らかにし進学指導を行うこと
　七，就職後の補導
　八，其の他
　　(イ)　各施設の目的を達成する為には常に次の該施設との連絡を密接にすること
　　　　(1)　社会的方面　　(2)　教育的方面
　　(ロ)　各学校に於いては職業指導実施に関する組織を確立すること
　　(ハ)　職業指導科の為に特に専科教員を置くの途を開くこと[22]

　この『教育』の紙面で実践報告をしているのは，先の二葉高等小学校（新潟市）をはじめ，錦糸小学校（東京市），横川尋常小学校（東京市），長良尋常高等小学校（岐阜市），楠高等小学校（神戸市），日進高等小学校（女子校）（東京市）の6校である。職業指導を行なう組織としての職業指導課（部）の設置については，錦糸小学校を除いて，5校の実践報告に明記されている。それぞれの学校の実践について詳細に記述することはできないので，このうちの2校の実践報告の小見出しをあげておく。
　横川尋常小学校…職業指導部，性能・環境調査，職業的陶冶，進学指導，選職指導，就職斡旋，卒業後の補導，教育相談，家庭・社会との連携
　長良尋常高等小学校…職業精神の養成，職業知識の啓培，個性の調査，選職指導，卒業後の補導および連携，職員の研究
　それぞれの小見出しには，各学校の実状に合わせた実践が詳細に記載されている。先にあげた，職業指導調査協議会の要項に沿った形での意欲的な実践と

考えることができる．特に注目に値するのは児童理解の観点での性能，環境，個性調査および職業理解のための職業実習にどこの学校も重点をおいていることである．この基本には適材適所の発想があり，児童をよく理解した上で不適職に就かないよう職業指導を実践する事が一般的であったようである．日進高等小学校の「職業選択の指導」項目の中に「要するに不適職を避けそれ以外の広範囲の職業群内に於て自己の嗜好と父兄の希望に添ひ家庭及び社会の事情に適したる職業に就職せしむることが必要である．」[23]の記述はその現れであろう．当時は性能や個性調査との語句から想定されるように，こうした不適職に就くことを避けるための方策として，検査や測定器具の開発が盛んに行なわれていた．1927（昭和2）年の訓令第20号による学校教育への職業指導の導入と並行して発行され，当時のわが国の職業指導の集大成といえる既出の『児童生徒の個性尊重及び職業指導』の冒頭(1)～(18)では「性能検査機械に就て」との項目を設け多くの性能検査機器を紹介している．冒頭に「若し此の進路を誤るときは又と得難いその人の一生を遂に無為にして終始せしむること丶なり，本人の不幸は固より，社会の損失も亦多大である．」[24]とあり，当時の最初の進路選択における適合に重きを置いたゆえに職業指導における性能検査の開発が一つの潮流になっていた．

　現在では「追指導」と呼ばれている輔導についても各学校職業指導の仕事の中に必ず含め，二葉高等小学校の実践の中で，「就職後の転職問題」の項に「就職相談が適切に実施されてあれば転職率は著しく減少する．論より証拠，父兄側が勝手に取極めた就職児童の転職者は6割も7割もあるのに対して学校と紹介所との協力相談で取り極めたものは就職後4ヶ年間の平均が4割を超えない事実が雄弁に之を物語っている．」[25]との記述もあり，就職後の転職の状況から就職相談の重要性を裏付けている．

　この年はまた，日本が国際連盟を脱退し，国際的に孤立を始めた年であるが，この雑誌の中には，まだ，『国体』や『国策』の類いの語句は顔を出していない．そういう面では，先の1931（昭和6）年から引き続き，学校教育の中で本来の職業指導が維持された時期といっても過言ではないのではなかろうか．

その後，川崎高等小学校職業指導部等をはじめ，先進的実践校は独自で職業指導のための教材を編集し，優れた実践の成果を残している。
　当初は児童保護の立場から始まった職業指導も欧米の理論を導入し，学校教育の中で不完全ながらも子どもの将来を願う熱心な実践者の手により数々の実践が行なわれていくのである。文部省の資料等より当時の就業開始年齢が現在より3年～10年早く，また，事業所への就職者と同様，卒業後農業等の家事手伝いに従事する数も相当数あることも見てきた。初等教育が職業指導の中心であり，卒業後子どもたちが必ずしも望ましい職業生活を送ることのできない現実に，当時の心ある教師は率先して職業指導に携わったのである。当時の職業指導担当者については，その仕事の重要性に対し身分の保障はなく，単なるボランティアとしてその仕事が位置づけられていた。先にあげた『教育』誌に掲載された服部菴の論文の最後の部分はそのような悪条件であっても，職業指導は教師の使命でありその重要性は普遍であると訴えている。そのキーワードとして「愛」を使用している。

　職業指導は愛である。熱である。教室で子どもに教えて時間を潰そうと云う様な人にはできない。パンの為に教育をやって居ると云う様な人には望んでも得られない。真に児童の為に寝食を忘れ，一身を児童に献げる人は期せずして職業指導の道に入ることを断言してやまない[26)]。

　職業指導を「熱」や「愛」といった表現に収斂させる当時の特徴について，「愛」が「教育的」と同義に機能し，「『愛』こそは，職業指導が『教育的営為』として位置づけられていく上で，最大の立役者」[27)]と当時の職業指導における一側面が示されている。「生き方の教育」と，この「熱」や「愛」はどのように結びつくのであろうか。
　ここに，職業指導理論の二つの考え方を感じることができる。ひとつは，人の能力や適性は客観的な道具によって測定できるという考え方に立っており，こうした方法で人は職業にうまく適合（マッチ）してやっていけるという，特

性因子論といわれる考え方である。もうひとつは，個人のライフサイクルを通じて展開していくその発達過程に重点をおき，ガイダンスやカウンセリングを用いて働く者としての自己の概念化や働く能力の伸長をめざす職業的発達理論といわれる考え方である。これほど明確ではないが，北方教育の職業指導の議論の中にこうした考え方による対立軸が見られることは後述する。

## 8．軍国主義化の中での職業指導

しかし，これらの純粋な職業指導も時代の流れの中で『国家』と『個人』の間で揺れ動くことになり，次第に軍国主義の国策に巻き込まれていくのである。【資料4】の対照年表を見ると，日中戦争の勃発した1937（昭和12）年を境に，教育および労働行政が急速に軍国主義体制にシフトしていくことがわかる。職業指導に就いても種々の点でその影響があらわれてくる。当時の状況を藤本喜八は，次のように語っている。「職業紹介法の全面改正，職業紹介所の国営（4月1日公布，7月1日施行）を受けて同年［1938年（昭和13）年］10月26日付で文部，厚生両省連名の訓令第一号『小学校卒業者ノ職業指導ニ関スル件』が発せられています。この訓令は，教育機関と職業紹介機関が一層協力して『児童の職業をして国家の要望に適合せしむることを期せざるべからず』と指示したもので，昭和2年11月の文部大臣訓令を修正したところの重要な訓令です。…（中略）…最も端的な例は厚生省が13年の法律改正の時に，国会の答弁資料で提出した職業指導の定義です。

『職業指導とは，これを略言すれば，個人を適職に配置するために行う，計画的なる一連の行為をいう。』職業指導の本来の精神は本人の志望を達成するためにその援助をする，ということだと思うのですが，ここでは高飛車に『個人をその適職に配置する』という言い方になっています。しかも，『何が適職なるやは個人の個性及び国家的，経済的諸事情を総合して判断すべきものにして，単に個人の素質または性向によりて定むべきにあらず。』と言った。一見，個人と国家を総合するかのようですが，実は個人の個性をおとしめているわけ

です。こういう思想がすでにここに出てきています。これが戦争中の労務動員にずっと流れていくことになるのです。学校がそれに対して抵抗しているかというと，全然抵抗していません。それが昭和13年の文部，厚生両省訓令ではっきり出ています。」[28]

　ここに，1938（昭和13）年10月に発せられた厚生省文部省訓令第１号の後半，明らかに1927（昭和２）年の訓令の精神の崩壊を示す部分をあげておく。非常時に直面した国家では職業指導は，国民をして国家の要望に適合される道具となっていくのである。

　「曩ニ昭和２年11月文部省訓令第20号ヲ以テ職業指導ニ関シ訓令ヲ発シ学校ニ於テ実施スベキ処ヲ示シタルモ，更ニ今次職業紹介法ノ改正ニ伴ヒ教育機関ト職業紹介機関トハ相俟テ一層職業指導ノ強化徹底ヲ図リ学校卒業後ニ於ケル児童ノ職業ヲシテ国家ノ要望ニ適合セシムルコトヲ期セザルベカラズ今ヤ未曾有ノ非常時局ニ際リ国民ハ全能力ヲ発揮シ時艱ノ克服ニ邁進スルノ要アリ」

　こうした傾向は，1939（昭和14）年に立案された労務動員計画では小学校新規卒業者が新規労働力の主要な給源とされ，子どもを直接就職先として戦地へ駆り出す「青少年義勇軍ニ関スル通牒」が拓務省，文部省と連名で出され「小学校ニ於ケル職業指導ニ当リテハ満蒙開拓青少年義勇軍ノ趣旨ノ普及徹底ヲ図リ児童並ニ父兄ヲ指導シテ適格者ヲ多数応募セシメ以テ満州開拓ノ重要国策遂行ニ寄与セシムル様格別ノ御配慮相成度依命通牒候也」とされた。

　さらに1942（昭和17）年には文部省から「国民学校ニ於ケル職業指導ニ関スル件」通牒が出され，「曩ニ公布相成タル国民学校令施行規則中ニ於テ職業指導ヲ行フベキコトヲ明示セラレタル処右ハ国民学校ノ目的ニ鑑ミ高度国防国家体制ニ即応シ職分奉公ノ精神ヲ国民陶冶ノ根柢ニ培ヒ以テ学校ニ於ケル職業指導ノ振興ヲ図リ…略」の前文に続き，国民学校職業指導実施要綱として，「一，国民学校ニ於ケル職業指導ハ児童ニ皇国民トシテ将来国家ノ要望ニ即応セル職業生活ヲ営ムニ切要ナル基礎的修練ヲ為スヲ以テ主眼トス」となり，職業指導

は国家主義的色彩が濃厚となり，本来の「自己理解」から始まって個人による主体的な進路選択との趣旨を失ってしまった。

ここにて，先に述べた寺沢氏の予見は不幸にも現実のものとなってしまったのである。この時期，日本における職業指導の方針転換はいちじるしいものがある。国家，産業，経済との結びつきの強い職業指導は，個人の進路選択を優先する者，国家の進路に追従せざるを得ず，それらが拮抗するという矛盾が表面化したともいえる。

教育の側面から考えると，職業指導，進路指導，キャリア教育には個人ひとりひとりの個性尊重の上にたった「生き方」に関わる教育が底流に流れている。これらには，雇用情勢や国家施策等時代の流れの影響を受ける流動的側面がある一方，児童生徒の個性尊重や，学ぶ権利や働く権利の行使を保障する普遍的側面を併せもつ。ここに，流動性と普遍性の二面性を有する職業指導，進路指導，キャリア教育が抱えている重大な課題が顕在化してくる。「熱」や「愛」による職業指導の多くは先の藤本喜八が「学校がそれに対して抵抗しているかというと，全然抵抗していません」[29]と指摘するように，同じ職業指導を志向しながら子ども労働力を数量的に見る国家主義的職業指導に抵抗をするものとそうでないものが存在する。「生き方の教育」の分岐点がどこに存在していたのであろうか。

第2章から第5章にかけて，職業指導の始まりからその国家主義化の中で，「生き方の教育」としての実践を展開する北方教育の有り様を辿る。わが国職業指導の発展過程にその活動は拡大し，戦時職業指導が直面する課題に真っ向から対峙し，果敢に「生き方の教育」が繰り広げられた教育実践の歴史を北方教育は刻んだともいえるのである。東北地方を中心として綴方教育運動として展開された北方教育がどのような実践の中で「生き方の教育」の重要性を捉えていったのか。教育行政の軍国主義化という時代の大きな流れの中で，抵抗を示し，真の教育実践を続けたゆえに終焉した北方教育にとってわが国の職業指導はどのような意義をもつのかを考察していきたい。

【注】

1 ) J. B. Davis. *Vocational and Moral Guidance.* Ginn and Company, 1925年, P.137.
2 ) 行田忠雄「職業指導の創立者 フランク・パーソンズとその業績」『職業研究第30巻第6号』雇用問題研究会, 1976年, 9頁.
3 ) 当時の私的職業斡旋業の種類である。慶安とは職業紹介業全般を指し, 寄子は現在の派遣のような制度であり, 親分乾分（親分子分）の関係で, 親分（派遣元）の指図によって派遣される制度。口入は地方の農家を回り, 女工など求職者を探し求人側に斡旋する。その際に親元に対し女工の給料を担保に高利貸しをする場合もあった。
4 ) 藤本喜八「進路指導の歩み－戦前篇（職業指導）－」『進路指導年報』第6号, 日本進路指導学会, 1990年, 2頁。
5 ) 豊原又男「少年の職業指導運動及施設」『児童生徒の個性尊重及び職業指導』実業補習教育研究会, 1927年, 278頁。
6 ) 藤本喜八「第4節大正期の職業指導」『日本における進路指導の生成と展開』日本進路指導協会, 1998年, 4頁。
7 ) 三村隆男「わが国大正期の学校改革における職業指導の役割－大阪市本田尋常小学校長三橋節の思想及び教育実践をもとに－」早稲田大学大学院教職研究科紀要第3巻, 2010年, 51頁。
8 ) 文部省構内実業補習教育研究会「児童生徒の個性尊重及職業指導に関する訓令及通牒要旨畧説」文部省普通学務局, 1927年, 4頁。
9 ) 文部省構内実業補習教育研究会「児童生徒の個性尊重及職業指導に関する訓令及通牒要旨畧説」文部省普通学務局, 1927年, 5頁。
10) 三田谷啓『学童保健』中文館書店, 1923年, 312頁。
11) 増田幸一『職業指導二十講』三省堂, 1935年, 33頁。
12) 文部省『学制百年史記述編』1972年, 479-480頁。
13) 日本職業指導協会『日本職業指導（進路指導）発達史』文唱堂, 1975年, 69-70頁。
14) 日本職種指導協会「日本職掌指導（進路指導）発達史, 1975年, 36頁。
15) 石岡学「『教育』としての職業指導の成立 戦前日本の学校と移行問題」勁草書房, 2011年, 70-71頁。
16) 寺沢厳男「社会的考察に依る職業指導」『教育学研究』（東京文理科大学教育学会編集）1933年, 3-4頁。
17) 寺沢厳男,「社会的考察に依る職業指導」『教育学研究』（東京文理科大学教育学会編集）1933年, 18-19頁。

18) 平成24年度文部科学省学校基本調査によると，高校進学率98.3％，大学等進学率53.5％，中学校卒業者の就職率0.4％，高校卒業者の就職率16.8％，大学卒業者の就職率は63.9％となっている。
19) 三田谷啓『学童保健』中文館書店，1923年，312頁。
20) 増田幸一『職業指導二十講』三省堂，1935年，33頁。
21) 服部翥「小学校と職業指導の問題」『教育』第9号，岩波書店，1933年，20頁。
22) 櫻井彰「二葉高等小学校に於ける職業指導の実際」『教育』第9号，岩波書店，1933年，64-67頁。
23) 有川末久「日進高等小学校に於ける職業指導」『教育』第9号，岩波書店，1933年，60頁。
24) 編者「性能検査機械に就て」『児童生徒の個性尊重及び職業指導』実業補習教育研究会，1927年，（1）頁。
25) 櫻井彰「二葉高等小学校に於ける職業指導の実際」『教育』第9号，岩波書店，1933年，71頁。
26) 服部翥「小学校と職業指導の問題」『教育』第9号，1933年，26頁。
27) 石岡学「『教育』としての職業指導の成立 戦前日本の学校と移行問題」勁草書房，2011年，162頁。
28) 藤本喜八「進路指導の歩み－戦前篇（職業指導）－」『進路指導年報』第6号日本進路指導学会，1990年，19頁。
29) 藤本喜八「進路指導の歩み－戦前篇（職業指導）－」『進路指導年報』第6号日本進路指導学会，1990年，19頁。

# 第2章

# 北方教育の誕生（第1期）

　本章で扱う第1期は，北方教育前史および1929（昭和4）年6月の北方教育社設立から，文詩集『くさかご』・『草籠』の第3号発行までの期間とする。北方教育が誕生しその活動を文詩集の発行で展開した時期である。北方教育における生活綴方を検討する前に，前史として綴方の成立について検討し，生活綴方の先達として『綴方生活』の活動について触れる。北方教育の運動理念は初期のものから，実践やそれに伴う議論を繰り返すことによって成長を辿る。その原点的時期として扱っていく。

## 1．北方教育前史

### (1) 教科としての「綴方」の起源

　1891（明治24）年の「小学校教則大綱」に「綴り方」（法規上はこのように書く。本論では綴方との表記で行なう。）が使用された。しかし，その具体的内容は，1900（明治33）年の「改正小学校令施行規則」で国語科の一領域として登場し「文章ノ綴リ方ハ読ミ方又ハ他ノ教科目ニ於テ授ケタル事項児童ノ日常見

聞セル事項及処世ニ必須ナル事項ヲ記述セシメ其ノ行文ハ平易ニシテ旨趣明瞭ナランコトヲ要ス」と説明された。一方，作文は1881（明治14）年の「小学校教則綱領」に登場し「身近の事について，まずかなの単語・短句から始まって，次に簡単な漢字かな交じり文に移り，次に口上書類・日用書類に及ぶようにと順序を規定」[1]された。こうした実用における書く能力の育成を目指した作文と比較すると，その後登場した「綴り方」は，教科横断的な性格をもち，かつ日常や生き方の上で必要な事柄を平易で明瞭な表現をする科目とあり，現在の総合的な学習の時間と国語科の性格を併せもった教科として出発したと考えられる。

## (2) 考察上の歴史的起点

　北方教育は，当時，訓導と呼ばれた小学校の教師が中心となり，あくまでも自主的な教育活動として行なわれた教育運動である。その北方教育が依拠した綴方教育の一つの方法としての生活綴方にはさまざまな見解がある。北方教育に対し批判的な佐々井秀緒（1981）による「生活教育理論と，北方地域の特殊性といえる封建性（非近代性），文化性，北方型貧困性等と結びつき，北方独自の生活教育運動が中心課題となり，綴り方教育はその手段方法的なものとして取り扱われる形となったと考えられる。そして，その結果が従来一般に考えられ実践されてきた生活綴方（教科性－表現尊重－を念頭においた）に変容をきたす結果となったと見られる。したがって，この北方教育運動は，一般的に考えられている生活綴り方運動そのものとは異なるものと言わざるを得ないのである。」[2]といった見解もある。滑川道夫（1983）は「『生活綴方』の成立時期をどこに設定するか，『綴方生活』の創刊，北方教育創刊，『綴方生活』第二次同人の宣言の時期があげられているが，『第二次同人の宣言』の時期をとりあげるのが至当だろう。」[3]とし，北方教育運動における冊子『北方教育』の創刊も生活綴方成立の一候補と捉えている。以下のように歴史的には，生活綴方は綴方教育から生まれたものであり，その方法や内容が特徴的であったため「生活綴

方」という呼称で一般の綴方教育と区別されるようになったのである。この「生活綴方」と「綴方」の関係については滑川道夫の以下の説明が明解である。

「生活綴方」は子どもたちに現実生活を文字表現させ，そのことによって生活を見つめ，生活認識をふかめ，その生活を前進させようとするところの強調点が見られるであろう。表現指導の側面は沈潜して表面の強調点としては弱く見えるが，「綴方」と言うかぎり，表現指導が無視されることはないことも読み取れる。文字表現指導と密着して指導する方向に発展してきている[4]。

ここでの生活綴方は，教科における知識理解にとどまらず，生活認識の深まりによる生活意欲の涵養も視野に入れると理解してよいであろう。

第2章以降では，発生的には生活綴方の一教育運動であった北方教育が，真摯な実践や理論化の繰り返しにより，運動自体が進化し，職業指導との邂逅により「生き方の教育」に帰着していくという観点のもとでこの運動を歴史的に考察する。本書ではその要因が，折しも学校教育に拡大しつつあった職業指導に依拠するところが大きいため，職業指導，進路指導，キャリア教育の変遷と「生き方の教育」に与えるその機能について検討する。これまで，北方教育における職業指導との関連を論じた論考は存在する[5]が，職業指導そのものの発達過程，および現代の進路指導，キャリア教育の理論と照らし合わせ論じたものは管見の限り存在しないと思われる。その要因としては，そうした論考の筆者が職業指導を専門としていなかったこと，および，キャリア教育の登場により職業指導や進路指導が科学的に検討されるようになり，新たな視点が提供されたことが挙げられる。

### (3) 生活綴方誕生前後の歴史

明治以来の綴方科を中心にした綴方教育の中に新たな胎動が見られるのが明治末であり，その推進力となったのは，大正デモクラシーの中で生まれた新教

育の思潮であったといえよう。特に綴方教育に大きな影響をあたえた思潮には2つのキーワードがあるといえる。それは「自由」と「生命」である。「自由」は綴方の形式への改革であり，生命は綴方の題材となるものに対する革新である。この2つのキーワードを中核として，綴方の思潮は孤立するものではなく，相互に作用しあい，発展的に生活綴方の原型を造り上げる原動力になったのである。「自由」を標榜したものとして，樋口勘次郎の『統合主義新教授法』［1899（明治32）年］や芦田恵之助の『綴方選題』［1913（大正2）年］がある。芦田は随意（自由）選題主義を唱え，児童の綴方への自主的取り組みを強調した。一方「生命」を標榜したものには，浅山尚の『綴方教授の破壊と建設』［1915（大正4）年］や田上新吉『生命の綴方教授』［1921（大正10）年］がある。特に，田上新吉は「綴方を生み出す母胎としての『生活』の表現を重視して，生命主義的綴方を書くための『生活の指導』を唱道した。」[6]とされる。この二人と同様，生命主義の綴方を唱えた峰地光重はその著書『文化中心綴方新教授法』［1922（大正11）年］の中で次のように述べ，綴方のもつ生活主義的特徴からさらには「生き方の教育」を予見させる内容まで言及している。

　綴方は単なる児童の文学ではない。又単なる技能科でもない。国語の一分科として考へるのも余りに偏狭だ。従来この綴方の観念が余りに偏狭だったのが，その成績不振の原因をなして居る。綴方は，実に児童の人生科である[7]。

　これに前後して，さまざまな立場や考え方により，生活綴方を提唱する動きが現れてくる。文芸主義的綴方を指向した鈴木三重吉は1918（大正7）年に雑誌『赤い鳥』を発行し，初めて児童の作品投稿という形をとり，リアルな生活描写をもとにした文芸作品を数多く掲載した。また，1923（大正12）年，「全国訓導協議会（綴り方）」において，全国の小学校教育に多大な影響力をもつ東京高等師範付属小学校の訓導である丸山林平は，綴方は生活表現であり，それにより自己の成長がはかられると主張した。その後，彼は「生活第一，表現第二」と綴方における生活重視を主張したが，「丸山らの主張は，教科として

の国語科の一分科である『綴方』というフレームを不動の前提として、その表現指導を有効適切ならしめるための『生活第一、表現第二』という捉えかたであった。」[8]とされ、国語科という枠組みの中での生活表現の主張との見方もある。これらの流れとは別に、大正自由教育運動の左派によるプロレタリア綴方もリアルな表現と生活の追究を行なっていた。

## (4) 雑誌『綴方生活』の発行

　これら綴方運動の中で起こってきた生活中心主義を統合し、その指導的役割を果たすものとして、1929（昭和4）年10月に『綴方生活』が創刊されるのである。雑誌の編集人には志垣寛がなり、野村芳兵衛、峰地光重、小砂丘忠義らが同人となった。彼等は1924（大正13）年、池袋に設立された児童の村小学校での活動を共にした仲間であった。志垣寛は児童の村小学校の4人の設立者の一人であり、岐阜から招かれた野村芳兵衛は二代目の校長になり、鳥取で独自の綴方教育観で活動していた峰地光重もこれに参画していた。
　『綴方生活』の巻頭言執筆者である上田正三郎はその後、『綴方生活』の誕生について以下のように発言している。

　…綴方生活運動は、綴方の新興運動だったわけだ。だから、綴方の中に新興教育運動というものがはいってきて、…(中略)…社会性の綴方というのがそうとうあったな。……まあ、『綴方生活』の役割は、綴方教育をそういう新しい教育運動に結びつけたことにあるのじゃないかと思うんだがね。それも当時の社会情勢もあったわけだが……[9]。

　新興教育運動の活発化の中、書くことが中心であった綴方教育を生活や社会に結びつける役割を『綴方生活』は果たしたと上田は評価しているのである。
　『綴方生活』の前史として、小砂丘忠義は、1926（大正15）年、児童綴方雑誌『鑑賞文選』の編集に移り、『赤い鳥』と同様に作品投稿の形で児童の作品

を掲載した。『鑑賞文選』は1924（大正13）年に創刊された。当初は平凡社発行であったが後に文園社発行となった。『鑑賞文選』の編集方針は、文芸主義的立場を否定し、子どものもつ自然の生命力を重視するものであった。この『鑑賞文選』は、小学校尋常科各学年および高等科用の計7冊を発行していた。学年別にしたこと、また、小砂丘の編集方針も広く受け入れられ、一時は40万部以上も発行されたといわれている[10]。この読者が基盤となり、親雑誌[11]『綴方生活』を全国的に支える下地をつくったのである。かれらは、首府東京から全国の生活主義の綴方教師に対し、『綴方生活』創刊号を通じて「吾等の使命」なる宣言を発した。

吾等の使命

　「綴方生活」は綴方教育の現場にあきたらずして生まれた。いな単に綴方教育の一分野のみでない。現代教育の全野に於て満たされぬ多くのものを見出すが故に、微力を顧みず敢て出発する。綴方生活は新興の精神に基き常に清新溌剌たる理性と情熱とを以て斯界の革新建設を企図する。その目ざす所は教育生活の新建設にあるが、その手段としては常に綴方教育の事実に即せん事を期する。

　「綴方生活」は教育に於ける「生活」の重要性を主張する。生活重視は実に吾等のスローガンである[12]。

　後に北方教育の親雑誌『北方教育』の創刊号の巻頭言に「吾等が使命」を載せ同人たちの決意を伝えたことを考えると『綴方生活』のこの部分の影響力は大きかったようである[13]。

　翌年1930（昭和5）年9月、『綴方生活』を発行していた文園社は、財政難をまねき、社長の志垣寛によって解散の憂き目にあう。しかし、小砂丘、野村、峰地らの手により新たに郷土社が設立され、文園社の業務を引継ぎ、『綴方生活』も引き続き発行されることになった。また文園社発行の『鑑賞文選』は『綴方読本』と改題し存続することになったのである。ここに滑川道夫が「生

活綴方」の成立と位置付けた第二次宣言が発せられた。

宣言

　(前略)…社会の生きた問題，子供達の日々の生活事実，それをじっと観察して，生活に生きて働く原則を吾も掴み，子供達にも掴ませる。本当な自治生活の樹立，それこそ生活教育の理想であり又方法である。
　吾々同人は，綴方が生活教育の中心教科であることを信じ，共感の士と共に綴方教育を中心として，生活教育の原則とその方法とを創造せんと意企する者である[14]。

　創刊号の「我等の使命」の内容をさらに踏み込み，綴方を生活重視から生活教育の中心科目と位置付けている。「綴方が生活教育の中心教科」との表現は，後のさまざまな議論の的となる。当時は教科中心の教育課程であり，生活指導や職業指導のもつガイダンスの機能に対する認識が十分でなく，また，教育課程における領域概念や機能概念といった考え方も存在しなかったための限定的な表現となっている。しかし，当時の社会情勢や教育環境の中での精一杯の表現であった。

## (5) 生活綴方をとりまく社会情勢

　『綴方生活』の発行所の変更は，その後の生活綴方の行く末を暗示する象徴的出来事である。大正デモクラシーの新思潮の中で綴方教育は数多くの教育実践者にさ支えられ，世界に類のない綴方を通した教育運動が展開されていくが，一方では1927（昭和2）年に起こった金融恐慌，1928（昭和3）年の張作霖爆殺事件および治安維持法強化に象徴される，物質的，精神的不安の暗雲が日本全土に立ち込め始めた。この時点の生活綴方教育の実践者の情熱によってこうした不安を克服し，出版社の再建を実現した。
　地方でも数多くの実践者により生活綴方運動が推進された。滑川道夫『日本

作文綴方教育史 3（昭和編 1）』（国土社）の481頁に「(1)文集全国展望」があり1935（昭和10）年前後の学級・学校文集をあげている。ここには，『国語教育』『綴方教育』『綴方生活』『教育・国語教育』『実践国語教育』『工程』『綴方学校』等生活綴方を推し進めた雑誌上における文集紹介欄をもとに整理したものが掲載されているが，その総数は約970冊にのぼる。（この数の中には，満州，台湾，樺太等で作製された文集も入っている。）当時，文詩集を雑誌で紹介し，相互に交換しあう習慣があった。そのためこれら1冊，1冊は担当者の入念な指導によって作製され，他者の評を耐えうるものであった。そう考えると，この時点における生活綴方運動の相当の拡がりを感じることができる。1935（昭和10）年というと北方教育社が設立されて 6 年が経過した年にあたる。ここに掲載されているものが全国で発行されている文集のすべてではないが，ちなみに東北地方だけでこの中の発行文集の41.3%を占め，401冊の文集が発行されているという事実は，東北地方が当時の生活綴方運動の中核的役割を担っていたことが想像できる。

『綴方生活』創刊号の誌上で行なわれた「吾等の使命」の宣言の 4 ヶ月前，1929（昭和 4）年 6 月，秋田市の大町（当時は本町）六丁目の十字路の角から数軒目の豆腐屋に「北方教育社」の看板が掲げられたのである。

## 2．北方教育の同人

1929（昭和 4）年に成田忠久（ちゅうきゅう）の創設した北方教育社を拠点とし，北方教育が展開されるが，北方教育の展開に入る前に北方教育の運動家（同人）たちに少し触れておきたい。ここでは，北方教育全体について論じているわけではないので，「生き方の教育」に関わる部分に登場する同人に絞って紹介する。

 成田忠久 1897（明治30）年生まれ，1960（昭和35）年没。北方教育創設者。1929（昭和 4）年より1938（昭和13）年まで北方教育の事務局の役割を果たすが，北方教育社の破綻により上京。

滑川道夫　1906（明治39）年生まれ。成田忠久に協力し『北方教育』創刊。綴方教育の指導者として北方教育にて活躍。1932（昭和7）年市立成蹊学園訓導に転出。その後は側面より北方教育を支援した。

小林恒太郎（恒二）　北方教育創設者のひとり。由利郡西滝沢小。『北方教育』「児童作品の研究」の批評者として活躍。

鈴木正之　1908（明治41）年生まれ，1990（平成2）年没。由利郡金浦小に昭和4年から16年11月に治安維持法違反で検挙されるまで勤務。佐々木昂のような理論化タイプとは異なり，あくまででも教室実践を主体に活動を展開。北方教育の運動の転換の契機となる作品佐藤サキの「職業」をもち込む。

佐々木昂（太一郎）　1906（明治39）年生まれ。1944（昭和19）年没。北方教育の理論家。昭和4年，小学校訓導退職後，後に復職。その後，土崎尋常高等小，由利郡前郷尋常高等小，秋田市高等小，秋田職業紹介所少年係。1940（昭和15）年治安維持法違反で検挙。獄中で結核発病，療養中に死亡。昂（コウ）はペンネーム。

加藤周四郎　1910年（明治43）年生まれ。北方教育の中での最大の実践家。高い指導力を有し多くの指導資料を残す。上北手尋常高等小，明徳小，秋田市高等小，秋田職業紹介所少年係，秋田県属学務部職業課業務係長。1940（昭和15）年治安維持法違反で検挙。戦後は，北方教育同人懇話会の中心的メンバーとして活躍。2001（平成13）年没。

# 3．北方教育社設立から，『くさかご』・『草籠』（第3号）発行まで

親雑誌『綴方生活』（1929年）に先立って，児童の投稿誌『鑑賞文選』（1924年）が発行されたと同様に，北方教育においても，親雑誌『北方教育』に先立つこと7ヶ月，1929（昭和4）年7月31日，児童の投稿誌『くさかご』（小学校

5年以下対象）と『草籠』（小学校6年以上対象）が同時に創刊された。『鑑賞文選』は各学年用に発行されたが，北方教育社から発行されたこれら雑誌は小学校中低学年対象と，高学年および小学校高等科対象の2種類の発行であった。双方とも20頁だての簡単な冊子であるが，発行者が学校の教師や専任の綴方運動家によってではなく，一般の事業主である豆腐屋の主人であるところに特色がある。こういった運動発生時の特徴は，その後，この運動が，「学校」という枠にとらわれず進展していくことを予見させるのである。

　成田忠久は，初めから秋田市内に豆腐屋を構えたのではなく，それ以前は八郎潟の最北端にある辺鄙な漁村の小学校で代用教員を勤めていた。期間は1921（大正10）年2月から，1925（大正14）年9月までの4年7ヶ月の間であった。彼が勤務した秋田県山本郡浜口村浜口尋常高等小学校での実践については，「自学自習を主にした指導法，分団学習法そして興味を重んじ，視聴覚教材を用いる方法等，要するに大正新教育の児童中心主義に立ったものが，成田の手によって，ここには展開されている。」[15]と述べられ，特に千葉県師範学校付属小学校で中心的に行なわれた自由教育の影響を受けていたとされている。また同校の校歌を作詞し，同校教員たちと文芸小冊子『白泥』の編集を行なう等活発に活動していた。

　その後，浜田尋常高等小学校の代用教員を辞し，秋田市で豆腐屋を始めて4年後，代用教員時代の文詩集発行への情熱が再燃し，『くさかご』および『草籠』の発行となるのである。その情熱がどれ程のものであったかは，北方教育社を1929（昭和4）年6月に創設してから1932（昭和7）年6月に同人会組織になるまでの3年間，『くさかご』および『草籠』（のちに『北方文選』）の15号分（冊数で30冊）および親雑誌『北方教育』7号分（冊数で7冊）合計37冊すべてが，豆腐屋事業のかたわら，成田忠久ひとりの手によって編集，発行，および販売まで携わったことを見てもわかるであろう。創刊号の「はじめの言葉」には成田忠久がこの文詩集を発刊した意気込みと目指す理想が吐露されている。

はじめの言葉

◎この「くさかご」はみなさんの心の鏡であります。何故でせう。それは綴方はみなさんの心をうつしたものであるからです。
◎正直に真剣に書いた綴方は人を引きつけます。人を引きつける程力のこもった文章は言わずとも立派な文章であります。
◎みなさん達のたましへは神様からさづかつたきよらかなたましへであります。そのきよらかなたましへが見つめたすべての事をありのま、正直に書くと白百合のやうな気高い文や，すゞらんのやうな香りもゆかしい文が生まれます。「くさかご」はこうした色もとりどりなみなさん達の文章をもりあつめた美しいみなさん達の文集であります。

　６年生以上を対象にした『草籠』にも「とびらがき」があるが，傾向的にはこの「はじめの言葉」と同様の方向性をもっているので省略する。あきらかにこの時点では，この文詩集は文芸主義的傾向を全面に出しているといえるであろう。ここに，当初，成田忠久が４年間豆腐屋の主人をしながら温め続けた夢なるものが反映されていると考えられる。
　現実は必ずしも「はじめの言葉」通りには進行しなかった。児童の投稿作品を掲載するにつれ，４年間もち続けた理想と現実のギャップを成田は知るのである。創刊号から４ヶ月が経過し発行された第２号19頁にある成田自ら書いた「おはなし」という題の文中で『くさかご』２号の総評として「第一に，みなさん達の今月の綴方を見ますと一ばんに，ものごとを深く見，深く考えて居ないと言ふけつてんがあります。」と苦言を呈し，これからの留意点として「みなさんは，一日のくらしを面白く考へてやつて行かねばなりません。さう心がけるとだんだん物事にも深くちゆういし，又深く考えるようになります。するとその中からきつと玉のようなりつぱな綴方が生まれて来ます。」と述べている。ものごと，つまり生活周辺を見つめることで，考察が生れるとしている。その結果生れる綴方がよい綴方と位置付けている。周囲の事柄を見つめ「自己理解」を深めることでその結果生れるものを文字で表現するといったことにな

るのかもしれない。

　このような中でその翌月に発行された『くさかご』第3号の冒頭にカムチャッカに出稼ぎにいった兄への思いを書いた綴方「兄さん」を載せ，「これは青森県畑中小学校から本社へ送ってくだされた作品の一つであります。同じ北方のお友達の作品として皆さんには親しみふかい事と思ひます。」と紹介した。この中で初めて北方という言葉が使用され，秋田を含む東北地方の地域特性が意識された。また，2号の総評にある「物ごとを深く見る」行為と考えあわせると，この雑誌の編集方針が「はじめの言葉」で示したものと比較し，明らかに変容していることがわかる。投稿されてくる作品を通して成田自身が自分が何を求めているのかに気付き出したのかもしれない。

　こうした成田の変化は，北方教育社が，その後，子どもの生き方を題材とする教育運動に大きく変容する兆しを予見させる。第3章以降で詳しく触れるが，同人組織による教師用綴方指導書『北方教育』の発行，講習会，座談会の開催等量的に運動を拡大する。一方，その方針を教育実践の中で昇華させることにより，質的に高まり，北方教育社は多くの教師の共感を得，11年間という短い活動期間であったが爆発的にその運動の拡大を見せるのである。

　成田により始められた文詩集発行活動は，東北地方を中心に全国の教師に子どもに生き方を考える意義や，方法を提示し，そういう行動への勇気を与えていくのである。さまざまな可能性を秘め北方教育は誕生した。その後，「生き方の教育」として「書くこと」を中心に展開されるこの運動は，職業指導との遭遇することにより一教育運動からさらに高次な教育活動への可能性を展開していく。

　この運動を生み出し，その後も北方教育社を機関車の如く牽引し，同人の教師たちの心の拠り所となる成田忠久の人となりについて，北方教育同人の鈴木正之は次のように記述しているので紹介しておく。

　幅のあるモッソリした顔，太く長く黒いマユ，ひたいの深い3本のシワ。こんな風貌だが，実に人なつこい笑みをたたえて，誰の言うことでも合点合点し

ながら聞き入る彼を，私たちは「オヤジ」と命名した。そして，寡黙の中に秘められた，何か掴みがたい熱火に惹かれて，みんなその廻りに寄り集まり，甘えさせてもらい続けた[16]。

【注】
1) 田中三郎「作文教育百年における形式と内容の深化（その一）」滋賀大学教育学部紀要，人文科学・社会科学・教育科学，第20巻，210頁。
2) 佐々井秀緒『生活綴方生成史』あゆみ出版，1981年，186頁。
3) 滑川道夫『日本作文綴り方教育史3昭和編』，国土社，1983年，506頁。
4) 滑川道夫『日本作文綴り方教育史3昭和編』，国土社，1983年，506頁。
5) 戸田金一『秋田県教育史（北方教育編）』（みしま書房，1979年）や木村元「北方教育と教育科学運動」『一橋論叢』1995年，234-252頁）が代表的である。
6) 滑川道夫『日本作文綴り方教育史3昭和編』，国土社，1983年，509頁。
7) 峰地光重『文化中心綴方新教授法』教育研究会，1922年，2頁。
8) 滑川道夫『日本作文綴り方教育史3昭和編』，国土社，1983年，511頁。
9) 「綴方生活の成立と調べる（た）綴方の時代」での滑川道夫との対談にて。『作文と教育』10月号，日本作文の会，1956年，25頁。
10) 津野松生『小砂丘忠義と生活綴方』百合出版，1974年，71頁。
11) 『綴方読本』が児童の作品を掲載したのに対し，『綴方生活』はそれを指導する教師のための指導書的役割を果たしたので，こう呼ぶ。
12) 『綴方生活』創刊号，1929年，5頁。
13) 「北方教育は『綴方生活』から大きな影響を受けた。しかし，『綴方生活』の扱う生活と，秋田の生活には大きな隔たりがあった。秋田の生活の根本には貧困があり，生活自体が社会性を帯びていた。言い換えれば，生存イコール生活というレベルであった。」加藤周四郎との聞き取り調査（1990年12月19日）による取材。
14) 「宣言」『綴方生活』2巻10月号，郷土社，1930年，4頁。
15) 戸田金一『秋田県教育史（北方教育）』みしま書房，1979年，63頁。
16) 鈴木正之「北方教育社のころ(2)」『教育』No.233，国土社，1969年，108頁。

# 第3章

# 北方教育拡大期（第2期）

　第2期は，1929（昭和4）年12月の児童雑誌『くさかご』・『草籠』を改題した『北方文選』4号の発行から1933年2月の『北方文選』20号由利版発行の前までの期間とする。北方教育がその活動を本格的開始する時期である。子ども作品集の発行から，指導する教師のための研修の資料としての雑誌『北方教育』の発行，子どもの作品について議論し，北方教育の理論構築の場となった「作品研究会」など，その後の北方教育の展開の基盤を形成する時期となっている。

## 1．文詩集『くさかご』・『草籠』から『北方文選』へ

　児童文詩集『くさかご』・『草籠』は1号，2号，3号と回を重ねるうちに編集方針が変更され，創刊5ヵ月で『北方文選』と改題された。当初，文芸主義を第一にあげていた『くさかご』・『草籠』は，生活主義的性格をもった『鑑賞文選』の名前にちなみ『北方文選』と名称を改めることになるのである。『北方文選』第4号では，北方という生活を土台にした綴方文集への編集方針の変更への意気込みが以下の文から伝わってくる。

◎本号より北方文選と改題しました。北方文選‼　何と言う力強い題号でせう。北方の大自然に育まれる私達はこの私達の特異な北方的藝術を熱と力とで培って行きませう[1]。

　この『北方文選』第4号には，鳥取県倉吉町上灘校（校長　峰地光重）より2編の綴方を得て参考文の欄に掲載している。校長の峰地光重については，第2章で紹介したように「綴方は実に児童の人生科である。」との見解を示した人物である。改題したばかりの『北方文選』が，峰地の見解で指導している学校の作品を掲載したことは，『北方文選』の新たな方向性と峰地の考えとの一致を示しているとはいえないだろうか。

　こうして翌年の1930（昭和5）年には低学年用と高学年用の2冊の『北方文選』が8月と11月を除き毎月発行されるのである。部数も『くさかご』・『草籠』創刊時500部が，『北方文選』1年目にして3000部まで飛躍的に増すのである。しかし2年目の1931（昭和6）年には6月のみの発行となり，翌1932（昭和7）年にはタブロイド版になり雑誌としての体裁が失われていくのである。

## 2．雑誌『北方教育』の発行

　親雑誌『北方教育』は，教師用の綴方指導書として，1929（昭和4）年11月発行の『くさかご』第3号に初めてあらわれた「北方」という語句を使用し1930（昭和5）年2月20日に創刊された。

　『くさかご』・『草籠』を創刊したあと，成田忠久は「子どもの作品を『教育』の営みの対象とすると，そこにいろいろな問題がおきた。この問題を解決するにはどんな方法をとったらいいか，いろいろ考えた末，これはどうしても現職教師の意見をきく必要があると思った」[2]と，文詩集に掲載する子どもの作品が抱える課題に関心を寄せたのである。そこで彼は，当時，秋田県師範付属小学校の綴方研究主任の滑川道夫を訪ねたのである。滑川は即座に協力を約束した。そこで，自分の受けもちの生徒の作品を『北方文選』に投稿することとし，

また，綴方の評価の問題について多くの教師の意見を聞くことになり，座談会を開催することになった。この座談会について成田忠久は，「この座談会に列席したものは，小林恒太郎・滑川道夫・山崎勝明・后藤不木（故人）・小林忠次郎（故人）の5人で，いずれも綴方教育に熱心な研究者たちであった。席上，問題とする『作品評価』は結論を見出だすに至らなかったが，教育界現状の無気力から教師の不勉強なことにおよび，情熱をかたむける教育実践人のグループ研究活動を要請する一座の空気が火のように燃え上がった。わたくしは，この純真な熱意にすっかり感激して，即座にこの組織体をつくり，母体となる研究誌『北方教育』を刊行することを誓ったのである。」[3]と述べ，『北方教育』の発行は文芸（文学）主義から生活主義への綴方指導の方向転換のみならず，こうした方向で作品を指導する教師の教育活動を支援する方向で『北方教育』は編集されるに至ったのである。

　『くさかご』・『草籠』から『北方文選』への改題。そして，『北方教育』創刊と1929（昭和4）年7月から1930（昭和5）年2月の5ヵ月間の短い期間において北方教育の拡大の基盤が形成されたのである。『北方教育』創刊号には次の巻頭言が掲載され，運動の勢いと方向性を明示している。

巻頭言（吾等が使命）

1. 北方教育は教育地方分権の潮流に依つて生まれた北方的環境に根底を置く綴方教育研究雑誌である。
2. 吾々は方法上の観念的な概論や空説を棄て、具象的な現実の中に正路を開拓することを使命とする。
3. 「北方教育」は綴方教育のみならず児童の芸術的分野に対し清新溌剌たる理想と情熱とを以て開拓を進め，延いては教育全円の検討を意図するものである[4]。

　この副題「吾等が使命」は，先に紹介した『綴方生活』創刊号の「吾等の使命」と類似し，本文中の「清新溌剌たる理想と情熱」の部分を借用する等理念

を継承しようとする強い意思が読みとれる。両者の異同につき，2つの文を比較すると「吾等が使命」の方が，文言が簡素で無駄がなく，主張が明確であり，方向性が具体的である。北方という地域性への意識が主張の明確さを生んだのかもしれない。「吾等が使命」の箇条書き3の最後の部分「…延いては教育全円の検討を意図するものである」はその後のこの運動が教育の在り方にまで検討を展開する要素をこの時点でも多分に含んでいるのである。1933（昭和8）年までに『北方教育』は12号まで発行された。【資料3】の「対照年表」にあるようにそれまでの各年の発行状況は，1930（昭和5）年は創刊から6号まで発行で計6冊（発行月2，4，5，7，9，12月）。1931（昭和6）年は7号のみ（6月発行）。1932（昭和7）年は8号，9号の2冊（発行月7，11月）。1933（昭和8）年は10号から12号の3冊（発行月1月，5月，8月）という状況であった。発行部数については，「雑誌『北方教育』の発行部数は，創刊号が千五百部，2号3号と増加してゆき，第3号で最大発行部数千八百部を数え，その後は，しだいに減少し，ほとんどの号数は，五百部前後であったという。しかし，固定読者のわくを拡げてゆき，その中で同志的な結び付きが出来ていった。」[5]とあり，雑誌『北方教育』により同人同士の内面的つながりが強化されていったのである。

## 3．北方教育の運動の充実と拡大

　親雑誌『北方教育』の発行にあたる会合への参加者は既述したように5人であり，成田忠久を含めると6名で『北方教育』の発行は決定されたのである。その後，雑誌の編集から経営に至るまで成田一人に依存する期間が長かった。1932（昭和7）年には，北方教育は同人組織となり，同人の出資により経営上の成田の負担を和らげようとするが，基本的には雑誌発行のスタイルは変わらなかった。最終的には，1938（昭和13）年北方教育社が破産し，成田が家族を連れ，職を求めて上京するまでこの状態は続くのである。こうした北方教育社を活動の拠点とした北方教育は，事実上の活動停止を示す1940（昭和15）年ま

での11年間に，東北地方全域はもちろんのこと日本中の綴方教師の関心を集め，影響力をもつ教育運動に成長したのである。何がそうさせたのであろうか。時代背景としては，既に述べたように，綴方教育が全国的な広がりを見せた時代であり，時機を得ていたが，あまたある綴方教育運動の中で北方教育が後世に残る突出した運動形態を帯びた要因は，同時期，同様に拡大しつつあった職業指導の存在抜きでは考えられないのである。

　北方教育の他教育運動との決定的違いのひとつは，情報化社会に生きる私達でさえ目を見張る勇猛果敢な情報・宣伝活動であり，積極的な研究の追究にあるといえる。広く他地域の教師と情報を交換し，そのニーズを掘り起こし，共感し，運動の担い手の育成に努めたこの北方教育特有の運動形態が運動の拡大と広範囲にわたる影響力を生んだのである。

　それがこれから述べる「作品研究会」であり，講習会の開催であり，中央との太い人的パイプや中央の冊子を利用し運動の思想表明を行なった宣伝活動である。このため，北方教育は宣伝上手で生活綴方運動の中で過大評価をされているとの批判もあるが[6]，教育運動はその運動によって目指されたものが最大の評価の基準ではないかと思う。運動がどれだけ多くの拡がりを見せ，どれだけ多くの児童に係わり，「生き方の教育」を創造させることができたかが最大のポイントなのではないだろうか。既述のように当時，全国の学級・学校文集の発行数の41.3％が東北地方より発行されている事実からもその影響力は看過できない。運動の進展に並行し，着実な理論構築もはたされるが，北方教育のこうした運動展開の基盤は北方教育第2期につくられたといってよい。それには，『北方教育』誌上の「児童作品の研究」をはじめ，「作品研究会」の活動，講習会等の開催，同人等の著書の出版等が大きく機能している。

## (1) 文学的青年教師の集まりから生まれた「児童作品の研究」

　北方教育社は集められた綴方を念入りに吟味し，文詩集として発行していた。当初，集まった作品をどの様に評価するかが最大の関心事であった。事実上

## 3．北方教育の運動の充実と拡大

『北方教育』発行を動議した5人の座談会は，しだいに，成田忠久の豆腐屋の2階に集まり，もち寄った綴方を評価する会に発展していく。後に，北方教育の中心的存在になる加藤周四郎も，後述する北方教育社主催「綴方教育に関する座談会」後，豆腐屋の2階に立ち寄るようになる。その時の様子を加藤は次のように描写している。

　豆腐屋の二階の小部屋で，全国から集って来た児童文集や教育雑誌にうずもれて，村夫子然とかまえている四十才近いヒゲづらの成田忠久の前に，私は大いに農村の現実を訴えた教育観は不思議に意気投合するものであった。
　そして，この北方教育社に出入りする滑川道夫（男師附属明徳校）や竹内栄治郎（女師附属校）や小林恒二（由利郡道川校）や山崎勝明（中通校）ら先輩の若い同人たちと合識した。いずれも詩や俳句を作り絵を書き，綴方指導に情熱を注いでいる文学的青年教師の群像がそこにあった[7]。

　ここでは，作品の評価や求める作品像についての話し合いがもたれたが，当初は「サロン的文学教師のグループ」[8]の域を出るには至らなかった。しかし，やがて，この集まりは，『北方教育』誌上の「児童作品の研究」へと繋がっていくのである。この「児童作品の研究」とは，『北方教育』に第3号から第12号まで毎回掲載された作品の評価コーナーである。毎回何人かの講評者により作品が評価されるわけであるが，その中には，滑川道夫（第11号を除き毎回登場），山崎勝明や小林恒二ら立ち上げのメンバーが携わっていた。評価に際しては，実際に豆腐屋の二階で膝を突き合わせて行なったり，各自の短評形式で行なわれたりした。
　この「児童作品の研究」は，親雑誌としての『北方教育』が『北方文選』に掲載した綴方を講評，指導する意味で作られたコーナーであろうが，必ずしも『北方文選』の作品にはこだわっていなかったようである。『北方文選』への掲載や，情報交換のため北方教育社に送られてくる文詩集や単独作品から選んだ綴方を題材としたのであろう。しかし，講評者は当時のその分野のエキスパー

トであり、綴方に教科書も指導書もなかった当時の小学校の教師達にとっては、その記事内容が綴方の指導マニュアルの役目を果たしたと考えられる。それが、東北地方の学級・学校文集の発行数に反映されたのではないだろうか。

### (2) 作品研究会

若手の同人たちは、作品評価の会の流れを汲む「児童作品の研究」の作品批評にあきたらず、独自の「作品研究会」をもつようになった。これは成田忠久の提案によるもので、1932（昭和7）年から始められた。これは毎月1回、月給をもらった次の土曜日に集まったようである。ここで話題にされた作品は、彼等の指導のもとで書かれた作品が主であったようである。この「作品研究会」の第一回目の様子を成田忠久は、次のように書いている。

第一回の「作品研究会」は、加藤周四郎受持の、貧しい小作農の子どもが書いたものであった。研究進行の順序は、まず指導者が作品を読む。それから子どもの生活環境を説明する。説明おわって各自の批評、意見発表。そして最後には、この子どもをも対象とする教育はどうすればよいか、と結論を出すことにした。この第一回目の研究会は、ほとんど、文芸的な解釈による批評や、この学年としての表現力の問題など、まことに安易な意見・批評で終ったのであった。

しかし、この会が、回を重ねていくに従って、しだいに文芸的解釈から生活的解釈へと移行していった。激論がつづき、深更1時を打っても散会に至らぬようになった。「文表現と劣等児」の問題、「童心至上主義」に対する批判、「童詩」に対する反省など、すべてわたくしたちの、教育実践面にでてくる現象が討議研究の対象となった。そしてこの結論が教育実践の場へもどり、又反省資料が提出されて討議となり、実践へ移るというふうになっていったのである。この勉強は実に異常な熱意をもってなされ、みなが定例の「研究会」までまち切れず、二人寄っては、三人集まっては研究討議に没頭するのであった。

## 3. 北方教育の運動の充実と拡大 67

　こうして北方教育同人は，組織の中で鍛えられ，考え方が進歩していき，最初のバラバラな各自の教育観も，しだいに同じ教育観に結集されていったのである[9]。

　後半の彼等の一連の作品処理の方法は，まさに綴方をとおしたケーススタディである。しかし，作品分析を通し子どもの生活現実を理解した上でその子どもにいかにアプローチするかを議論するには，子ども自体が生活現実をとらえ生活感情を綴方に素直に表現できる力を備えていることが前提である。この時期の北方教育が課題としたのは，この一連の生活理解力および生活表現力を子どもにいかに身に付けさせるかであった。この方法論については，「作品研究会」の活動実践が進展するに伴い理論化されていくのである。そしてこの実践および理論は北方教育における「生き方の教育」の原点となっていくのである。こうした綴方を利用し生活意欲を高める指導理論は，その後，職業指導の理論と重なり大きく展開していくことになる。

　「作品研究会」での実践と理論化の繰り返しにより体系化された理論は，「作品研究会の論客」である佐々木昂や加藤周四郎等により，『北方教育』をはじめとする綴方関係誌に掲載されるのである。そのため，佐々木昂や加藤周四郎等の名前で書かれた一連の綴方にかかわる論文は，かれら個人の意見というより，「作品研究会」の多くの同人の実践および議論の成果が凝縮されたものといえよう。この事に関しては，次章にあげる綴方「職業」を「作品研究会」にもち込んだ鈴木正之が以下のように書いている。「どの段階の問題解決も，誰かの個人的操作や発言ではなく，必ず北教集団としての討議の結論として提出された。他県の友人に出す手紙の場合でさえ，その手続を踏んだものが多くある。」[10]

　ここに，その「作品研究会」で物議をかもし，その後の北方教育の方向性に大きな影響をあたえた詩「きてき」とそれに対する佐々木昂の論文をあげ，「作品研究会」でどのような議論がたたかわされたか読み取ってもらいたい。

　　　　きてき　　　　　　　　南秋・金足西尋四　伊藤重治
　　あの気笛
　　たんぼに聞こえただろう
　　もうあばが帰るよ
　　八重蔵
　　泣くなよ

　上記の詩を取り上げた後，佐々木昻は次のように述べている。

　百姓の子は都会の子供のやうに感覚が浮動してない。鋭敏でない。悪く云へば牛の様に鈍重だ。鈍重な牛を動かす程農村の鞭は深刻で狂暴な風格をしてゐるのだ。
　百姓には都市生活者のやうな虚飾がない。食はれなくなれば馬を売る相談を子供の前で実直に話してゐる。忙はしくなれば乳飲子を三年や四年生の子供の首にぶらさげて田畑へ出る。
　十か十二の女の子に父親の昼飯を心配させるやうな家庭なのである。こうした家庭だけなのである。
　　　　　　　　　　（中略）
　子供の自己凝視は先づ自己批判を契機として次第に批判精神を増大して行く。芸術の為の芸術も幾変遷がした。
　かくして文学も過去の末梢的な享楽を逃れ確立された目標のもとに生活感情を形象化して行くのである。
　客観的な現実と特殊的な個人との統一の上に一切の幻覚を清算し，生活の真実へ緊迫してきた。ここでもう一度吾々は文学と綴方（重要な部分）の一致した動向を観なければならない[11]。

　子どもの現実批判の作品として捉えられたこの「きてき」は，「作品研究会」の同人たちに，文学と綴方の位置づけについて根本的検討を迫ってきたのであ

る。ここで佐々木昂は、文学は今や生まれ変わり、一切の虚飾を廃し、生活を捉え、この真実を表現する綴方と合流すべきであるとの考えを表明している。このように生活現実を映した作品に揺さぶられ、議論し、教室への実践へと繋げていく「作品研究会」の在り方は、まさに「指導した子どもから学ぶ」という表現があてはまる。子どもにはわれわれ教師の想像もつかない表現力が書く作業の中に秘められていることがわかる。北方教育では、この力をうまく引き出し、生きる力に繋げていくための、自己凝視を強調するのである。

　このような実践を続ける「作品研究会」が1回限りであるが『北方教育』の「児童作品の研究」のコーナーで公開されるのである。『北方教育』第10号55頁の「児童作品の研究第九回（第十回の誤り…筆者注）」にてである。評論者の中に、「詩人側」、「実際教育者側」と共に「作品研究会側」という名で、子どもの作品に対し一つの見解をもっているグループとして掲載されている。「作品研究会側」からの参加は、佐々木太一郎（昂）、加藤周四郎、澤田一彦であった。これまで「児童作品の研究」のコーナーが、散文および詩の権威者による評論で『北方教育』を通して読者である東北地方を中心とした綴方教師たちに影響を与えたのに対し、『北方教育』第10号の「児童作品の研究」に登場した「作品研究会」は、若い活動的な同人たちの膝を交えて突っ込んだ議論の中で成長し、北方教育の方向を見定めていったのである。ややもすると、個人の教室内での活動で終わってしまいがちな綴方教育活動を、全体（読者）の目の届くところに引上げ、個々の作品のもつ課題を共通のものとして評論をしていく、それを受け「作品研究会」で議論を重ねる。まとめられたものが『北方教育』に掲載される。そしてそれは読者からの文集送付や意見交換と連なっていく。こうした連携により、北方教育の運動理念は東北地方ひいては全国に拡大し、練り上げられていくのである。

　ここに『北方教育』第10号（70頁）の「新刊紹介」のコーナーを見てみる。
　『この事実を見よ』　秋田県仙北郡長野小学校発行
　『郷土学習』　鳥取県倉吉町上灘小学校発行
　『わかさぎ（四）』　青森県南郡浅瀬石小学校発行

『北斗（第十一号)』 岐阜県女子師範附属北斗会
『冬のしたく』 山形県北村山郡長静小学校発行
『あゆむ』 秋田県南秋田郡仁井山小学校発行
『啓羊』（発行者の記載なし）
『子守』 秋田県雄勝郡東成瀬村椿小学校発行

　ここでは，秋田を中心に全国に亘る文集，綴方研究誌をコメントつきで紹介している。このように北方教育としての上位文化と下位文化がうまく連動し，螺旋的成長を遂げ，あらたな理論を作り上げていくところに北方教育の教育運動としての最大の特徴があり，ここに稀有な「生き方の教育」の実践としての価値を包摂するのである。

【注】
1）北方教育「編集室より」『北方文選』第4号，1929年，20頁。
2）成田忠久「成田忠久『北方教育』覚え書」『生活綴方と作文教育』金子書房，1952年，268頁。
3）成田忠久「成田忠久『北方教育』覚え書」『生活綴方と作文教育』金子書房，1952年，268頁。
4）北方教育社『北方教育創刊号』1930年，1頁。
5）鈴木貞雄「解題」『北方教育』復刻版3，宣文堂，1970年，20頁。
6）佐々井秀緒『生活綴方生成史』あゆみ出版，1981年，22-23頁。
　「生活綴方運動の主体が北方地域でのそれのように受け取られたり，事情を知らない一般者の中には「生活綴方即北方性綴方」といった受けとめ方をしている者も少なくない。（中略）北方地域の主要人物が中央進出したことは，この運動の中の北方性宣揚に大きく作用していることが認められる。これは，あるいは偶然の成りゆきなのかも知れないが，結果的には北方性教育浮上の理由として考えてみなければならないが一項である。」
7）加藤周四郎『わが北方教育の道－ある生活綴方教師の昭和史』無明舎，1979年，56-57頁。
8）秋田教育懇話会『秋田の北方教育史』秋田県教職員組合，1964年，11頁。
9）成田忠久，「成田忠久『北方教育』覚え書」『生活綴方と作文教育』金子書房，1952年，269頁。
10）鈴木正之「北方教育社のころ［2］」『教育』No.233，1969年，114頁。

11) 佐々木昂「菊地知勇氏の文芸運動と綴方教育」『北方教育』第8号，1932年，8-10頁。

# 第 4 章

# 北方教育と職業指導の邂逅（第 3 期）

　第 3 期は北方教育に綴方「職業」がもち込まれた1933（昭和 8）年 2 月から，1938（昭和13）年 3 月の期間とする。この時期は一綴方作品である「職業」を契機に，北方教育はその活動範囲を学校教育からはみ出ていく時期である。「生き方」をキーワードに教育活動はリアリティを意識して展開せざるを得なくなり，職業指導とも急激に接近する時期でもある。さらにリアリズム綴方教育論を通して，運動理論の精緻化を図ると同時に，子どもたちの生活周辺の環境を「生活台」との呼称で「生き方」を育む拠点と位置付け教育活動を展開する時期でもある。運動の拡大も東北全円をカバーするようになる。一方，天候不順や時局の戦時体制化に伴い，北方教育の活動もさまざまな困難に直面する時期でもある。

## 1．北方教育における職業指導理論の構築

(1) 佐藤サキの綴方作品「職業」

　第Ⅰ章でも述べたように，1933（昭和 8）年は，日本の学校教育において職

業指導が戦前において最も盛んに行なわれた時期である。この年，雑誌『教育』は職業指導を特集し，職業指導調査協議会は文部省に対し高等小学校における職業指導要項を答申している。換言すれば，この時期は，学校教育に於ける職業指導が，1927（昭和2）年の訓令第20号を契機に学校現場に取り入れられ，展開期を迎えた時期といえる。本章で述べる北方教育の第3期はまさにこの時期にあたる。

　このような時代背景の中，北方教育においても『北方文選』20号由利版（1933（昭和8）年2月）に掲載された佐藤サキ（金浦小学校高等科2年）の綴方「職業」によってその運動は職業指導的様相を急速に帯びることになる。ここでは北方教育の運動の方向性に大きな影響を与えた綴方「職業」の全文を紹介し，次項でこの作品について検討する。文中の「／」は改行を示す。

「職業」
　　　　　　　　　　　　　　金浦・高二　　佐藤サキ

　父「サキ，何職業さつく気だ」／私「ドゞサ聞いだもだまつてんもの。俺だて分らなくて農業つて書いだ。」／父「農業でもする気か。」／私「………」
　この頃先生が自分の職業を書く紙をよこした時，どの職業につけばよいやら分らなかつたので「自分の望む職業」と書いてある所へは「農業」と書き「将来希望する職業」へは「裁縫」と書いてやつたのであった。
　けれども父はもう五十になつた，酒によふた時は元気でも，めつきり顔のしわがふえて手の筋が目立つた，母は耳が遠い上に，尚この頃は眼が悪くなって困つている程であつた。私の下の弟は未だ十四だから少なくとももう六年も父は働かなければならない，だが五十にもなつた父がどうして体が長く続くだらう。
　今だつて寒い日や雪の降る日は「俺は仕事をすることが出来ない。」といふのであつた，又余り寒い日など体をこごえらせてくると
　「俺の体はとても続かない，あしたからは仕事を止める，五十にもなつて土方してんなほ，赤石のんと俺とたつた二人だ，んがだ（私達のこと）かて俺は

こうして仕事さねまねなだぞ、まるで俺はんがだかて使はれてゐなだ俺は何の因果でかう働かねばならねだ。」といふのです。こうゆう父がもう六年も労働を続ける事が出来るだらうかいや出来ないのがあたりまへなのだ。そうなつたら私の家は亡びるより外にないのだ、父が十七年かゝって作つた土地も、家も、皆人手に渡らなければならない。これ等は皆父と母の汗の結晶だ。父の苦しんでいるのを見てゐてどうしで私は農業の手助けをしてゐることが出来よう、私には又農業が性質に適してゐない。／私はやはり職業婦人となつて家に少しでも手助けをしなければならない、私はぐづぐづしてなどゐられないのだ。／少くとも一労働者の子として生まれた私は、外の家に生まれたならば高等科にも入ることが出来ないであらう、是等は少しでも私の幸福といふものだらうと、人々の上級の学校へ行くのをうらやましいと思ひながら、半ばあきらめてゐた。

　私はやはり職業婦人になるのが一番よいのだ、遂に決心して「交換手にでもなつて、休みだ日は徳さんの家さ行つて裁縫でも習うと思っだども。」といつた。

　父「交換手になつて家さすけるのはいゝども、交換手止めた時百姓の仕事やだくならねが、俺だば産婆でもなんどもな。」／私「産婆なばあまりすきでねえな。」／父「まあ、自分の好きな職業どご、よつく考へでれ。」／私は父にこう言はれると、自分でも何になつたらよいだらうと迷つて、全くどうし（ママ）ればよいやら分らなかつた。

　その翌日先生が一番から順々に自分の職業のことを聞いた、未だ職業のことをよく考へてゐない私はどうしてよいものやら本当にこまつてしまつた、それでもすぐ私の番に来たので応接室に入つた。／先生は火鉢の上に足を上げてゐた、私は先生の前に来た時、どんなことを聞かれるだらうと思ふと、胸がどきどきした。

　入っていつたら一寸して先生が／「お前何になりたいと思ふ。」／といつた。／「裁縫習ひでえど思ふ。」／その時には私も外の人のやうに毎日裁縫でも習ひたいと思つて言ってしまつた。／「どこさ行つて習ふ。」／「徳さんの家さ行つて習ひだいと思つてる。」／「徳さんの家さ人だ習ひえつてるが。」／「……少しいつて

## 1．北方教育における職業指導理論の構築

るよだ」／「して，お前，毎日裁縫してもさしつかへないのか，何か家に手伝しなくてもよいのか。」／「……」

　私は，全くどうすればよいやら，どう答へればよいやら分からなかつた。裁縫を習ひたいと言つたのは，たゞ私の考へだつたのだ。それでもとうてい普通の人のやうに毎日裁縫を習つてゐられるやうな身分でないことなど私は百も承知してゐた，現に十二月の時だつて私を「平沢へ女中に行け。」とあれ程強く言つた父ではないか，けれども前川（母の実家）の人達は「三月に卒業するものが高等２年の免状をもらはないのは，世の中に出た時駄目だ。」と言つたので，やうやく学校にでたのだつた。

　私は先生に「裁縫を習いたい。」と言つたのが余り勝手すぎると思って恥ずかしいと思つた。／貧しい家に生れた私ではないか，と思った時父のしわだらけの顔の眼の引つこんでゐたのや，母のふらふらしてゐる姿や，七つになつた妹のこと等が思ひ出された。／私はやはり家に手伝ひしなければならないのだ，と心で強く思った。／「………職業婦人でもなつて家さ少しでもすけたいと思ふ。」／こう言つた時には，私も自分の言葉がみじめなような，悲しいやうな気持ちがして眼頭が熱くなつて涙が出た，私はうつむいたまゝでゐた。

　「何になる。」／「家のものだば産婆になつたらけ。」／「産婆なばお前さ適してゐる。裁縫したところで一日はわづかしか取れない，出るとし（ママ）れば今から下調べしておかなければならない。出れば秋田の県庁に産婆の学校がある，学資が出せるとしたらなるべく出た方がいゝな，まだはつきりきめておかないから二三日たつと又聞くから家の人達からよく聞いておけ。」／先生が学資と言つた，学資，学資，と心の中で思つて，家ではどうしても出せないのだと心が暗くなつた。

　その日の夕方仕事から帰った父に今日先生がいつた職業のことを話した。／「今日先生職業のごど聞いだけ俺産婆なつたらつて家の人がゆふけつたば，産婆なばえつてけ，して産婆なるとせば，秋田の県庁さ産婆の学校あつて，出ればすぐ産婆なんな，どゞ，産婆の学校に出してくれ。」／「やつぱり，よほどかゞるでろな。」／「知らねえ。」「サギ，駄目なもんだ，金のかゝるなゝば駄目

だな，百姓え百姓え———。雨降れば休み，食ひ物はどつさりあるし，薪物は山ほどあるし，百姓ほど気楽だなねえ，百姓なれ。」
　父のこの言葉で，もしかしたら産婆の学校に入ることが出来るかもしれないと思つてゐたあてはすつかりはづれた。／私「………」／「百姓はやだ。」といひたいのを，金がないのに，家に手伝ひするからだとはいへ「産婆の学校へ出してくれ。」とどうしていはれよう，私は自分の心でばかり思ってゐた。／私は一生百姓で終ってしまふのか？／百姓はきらひだ，といへば生意気かもしれないけれども——。／銭がかゝらなくて，私に適した職業で，家の手助けをし（ママ）る職業，私はいつもこんな夢のやうなことばかり思つてゐる。／私も，どうかし（ママ）ればよいやらまよつてゐる。(指導者　鈴木正之)」

### (2)　「職業」のもたらしたもの

　この作品は，『北方文選』に掲載される前に，作品の指導者，鈴木正之によって例の「作品研究会」に提出された。この時の様子を，佐々木昂は次のように書いている。

　正之がこの「職業」を抱へ込んで来た時私たちはどうだつた。厳然たる生活事実と，それをたゝかひ抜かうとしてゐる子供の姿の前に立って物を言ふことが出来なかつたじゃなかつたか？（それでも君たちは指導者づら下げてゐるのか———こんな気がした。）そしてあの場合文字や記述のよしあしも，句読点の，テニヲハの取落しも問題にならなかつた。
　「正之，なんとがならねえが？」
せい一ぱいな気持ちあつた。教育に於ける綴方の位置なんぞそれこそ百も承知の上で，それ以来成田氏が総指揮になって百万画策したな，電報まで飛ばしたりしたな。
　かうした行動は綴方の限介（ママ）でも教育の限介でもなかつたであらう。しかしあの場合只単にたくましい表現力を称讃するとか，単なる作品———表

現面としてのみ処理してしまふといふことは重大な任務でなかつたことだけは確かである。真の作品処理は作者———サキに「生き方」を教えることでなければならなかつたのだ。サキは「どうすればよいやらまよつてゐる」のであり,「銭がゝらなくて,私に適した職業で,家の手助けの出来る職業」サキにとつては正しく「夢のやうなこと」を私たちも真身（ママ）になつて考へることであつた。

表現面のみからしてゆくならサキがやはり交換手にでもなつて,雨の日は徳さんの家に裁縫を習ひに行き,天気には父や母と田畑に出ることもよいであらう。しかし現実の生活組織といふものはそんな風に単純に片付くものではなかつた。そこでも私たちは大きな生活勉強をさせられた。そしてカビの生えた文章観も世界観も,綴方指導も如何に無力な役割を,いな反動的な役割を（ママ）しか演じ得ないことを知り「表現の錬成といふことがとりもなほさず生活鍛錬であり,生活の鍛錬,生活の前進によつてのみ表現の錬成が可能であるといふことを身を以つて体得」したのであつた。

たくましい表現力を持つ「職業」は実にリアリズム実践である[1]。

この作品を契機に,「作品研究会」の同人たちにとって「綴方」と「生活」との関係が,これまでのものと一変する。現在の「生活」意欲が子どもの将来の生活意欲につながることが強く意識され,言葉こそ現れてこないが,進路設計にどうつなげていくかとの課題が表面化したのである。「綴方」と「生活」を発展的に展開させ,ひとりひとりの子どもの「生き方の教育」をどのように展開するかが北方教育のテーマとなっていくのである。

### (3)「児童作品の研究」への影響

『北方教育』に連載されている「児童作品の研究」にもおのずとこの生き方の教育への傾向性が現れてくる。『北方教育』第11号の「児童作品の研究」には,次の記述がなされている。

「児童作品の研究」欄に作品を提出して批評されたい方に申し上げます。

次号から作品に批評する参考となる作者の説明を付記して行きたいと思います。今までの批評は単に表現された作品のみによって批評されてゐますがこれのみ拠っては作者を知らぬ，作者の指導過程が分からぬ，生活環境が分からぬ評者にとっては随分困難を感じる事を思ひます。で，次号からは作品に指導者が作者の生活環境及び指導過程といったやうなものゝ作品理解に参考となる事項を付記して投稿して頂きます[2]。

この『北方教育』第11号は，佐藤サキの「職業」が掲載された1933（昭和8）年2月直後の同年5月に発行されており，「職業」の影響を受けた結果の「付記」であると考えてよいであろう。ここに，「指導作品の研究」においても，作品を文芸主義的に指導するのではなく，作者としての子どもの生き方そのものに焦点をあてた生活主義的な指導への移行が行なわれたのである。作品の指導から作者の生き方そのものへのアプローチは，北方教育の在り方そのものの大きな転換である。カリキュラム論からすると，綴方科という領域概念に，「生き方の教育」が機能的に作用していると解釈できる。優れた教育が精緻化されると「生き方の教育」に収斂される教育の原理を確認することができる。ここで佐々木は表現と生活の鍛錬（往還）によって「生き方の教育」が進展していくと捉えられるような表現をしている。綴方作品としての「職業」に代表される教育実践をリアリズム実践と呼称することで，生活現実においていかに生きるかを指し示す実践がリアリズムという語句に象徴されるようになるのである。

## 2．北方教育におけるリアリズム

「作品研究会」は成田忠久の提案により1932（昭和7）年に始められた，同人たちの綴方を通しての議論の場であり，北方教育の理論的構築をなす場所であった。

佐々木昂が「私たちが本気になってリアリズムの道を求めたのは昭和7年の秋の会合からであった。あの時には既に『リアリズム』という片仮名の名称で，はっきり話し合ったのだった。その意味からしても今の日曜会の前身の作品研究会が一番私たちを育て、くれたと思ふ。」[3]と書いているように，北方教育の方向性を指し示す語句としてリアリズムが用いられていたのである。このリアリズム論については，佐々木昂により，「指導の特殊性」（『北方教育』第12号），「リアリズム綴方教育論－序論－」（『北方教育』第13号），「リアリズム綴方教育論（二）」（『北方教育』第14号），「リアリズム綴方教育論（三）」（『北方教育』第15号）と『北方教育』に連載される。これらを辿り，「生き方の教育」の視点で北方教育の思想がどのような変遷をたどり構築されていくかを見ていく。繰り返しになるが，これらの筆者は佐々木昂となっているが，内容は「作品研究会」で議論されたものを佐々木昂が代表して綴っているのである。「作品研究会」で書かれたものを題材として議論とする中で，同人たちが「書くこと」の本当の機能についての追究を続けた証を文字にしているのである。リアリズム論を展開する端緒となったこの論文「指導の特殊性」が掲載された『北方教育』第12号は1933年（昭和8）年8月発行である。半年遡る同年の2月に発行された『北方文選』第20号由利版に佐藤サキの「職業」が掲載されており，この作品の影響が非常に大きかったことを示している。

## (1) 「指導の特殊性」[『北方教育』第12号，1933年8月]

ここで取り挙げる「指導の特殊性」は後に続くリアリズム綴方教育論の嚆矢となるものであるが，同人たちの議論の過程が見てとれる。まず，「作品を契機として作者の生活にまで手を差しのべるか否かゞ綴方作品と文学作品との決定的な一線なのである。」（5頁）と綴方における生活の重要性を説いており，「『生活は何か』と思惟して行く，行きつゝある姿こそ，そのはたらきこそ『生活』じゃないか。」（6頁）と漠然とであるが，生活を規定している。そしてこの生活をどう捉え，どう表現するかについては「『生活』のうちから表現にま

で持ち来たされたもの持ち来さんとするものが綴方の問題でなければならない。」(7頁)とし，表現の対象となる生活そのものが指導の対象になる北方教育における綴方指導の特殊性が存在すると論じている。この指導内容については，次号の論文を待たなくてはならないが，「内面的緊張を外面的結晶せしめる」(8頁)指導と簡潔な言葉で読者の理解を求めている。

本論からはそれるが，本稿「指導の特殊性」に次の記述があるので特記する。

作者の意図のうちに必ず公開すべきものといふことを含まないものがある。意外に子供の生活のうちにも秘密はあるものであるがそれを先生にだけ打ち開けて救ひを求める心は実に可憐である。

その時は先生と生徒と二人だけになって問題を考へるべきであって公開したり印刷したりすることは綴方の真精神では全くないので二次的な仕事なのである[4]。

綴方作品の中には，プライバシーにかかわるものもあり，作品を通して知りえた子どもの悩みや不安を相談につなげていくことも考えられる。その場合は作品の公開を控えることもあるとし，書かせることと，作品を公開することを北方教育では分けて議論をすることが可能であるとしている。こうした現代のプライバシー・ポリシーにもあたる議論がされることは，子どもの人権に対する意識の高さをうかがわせる。

(2) 「リアリズム綴方教育論−序論−」[『北方教育』第13号，1934(昭和9)年1月]

「リアリズム綴方教育論−序論−」の[Ⅰ]と[Ⅱ]には，北方教育の精神，「作品研究会」での議論をもとにした内容を佐々木昴が述べている。生活現実においていかに生きるか，つまり「生き方の教育」をめざすリアリズムという概念に直面し，従来の教育理論等の空疎さを強く感じた佐々木昴の心境が表現

されている。

　私は何時の間にか出来上つてしまつてゐるもの（イデオローグ）に対して全面的に身を没することが出来なくなつてゐた。従つてゆるぎなき教育理論や文学理論を見い出だしてもさゝやかな溜息を吐くまでであつた。
　――この位置に安住しようとするのか――
　そして私は喪家の犬の如く愴惶として其の場を追ひ立てられた。
　自らを破門してしまつた私はあまりにも満ち足りないみすぼらしい姿であつたのである。
　魂には空洞があり風吹き通るのであつた。
　それ故にこそかくひたすらに求めてやまないのかも知れないのであるが，これは単に魂の郷愁とのみ解すべきだらうか[5]。

　本論では，生活に対しそこに生きる私について考えている。「根源的なる意識としての『私』――『無』の自己発現乃至自己実現は個の純粋なるリアリテである。」（39頁）と定義し，リアリテを個人の生き方に於ける主体的な自己表現や自己実現と位置づけている。そのような性格をもつ子どもへの指導を綴方を通しどう行なうかについては「綴方は云ふ迄もなく教育の領域に位置するが故に個のリアリテの純粋な表明を唯一の手がゝりとして無の形成乃至指導として影響を与へるところに根本的態度を見出ださなければならないのである。」（40頁）としている。具体的には「こゝで教育のリアリズムは個のリアリテを出発点としあくまで個のリアリテに即し常に個のリアリテにまで帰するのであるが出発点のリアリテも帰したリアリテも共に主体的に純粋でありながらも『無』の発展的展開の自己実現として徐々に主観的なものから普遍的なものに於て，無価値なものから価値的なものに於て，個人的なものから社会的なものに於てリアリテが保たるべきことを要請するのである。」（40頁）との展開をめざし指導は行なわれなくてはならないとしている。無から自己実現への発展過程の特徴を，主観的から普遍的，無価値から価値的，個人的から社会的として

いる。こうした発達論的な考えが、自己実現というキャリア形成の到達点にむけて展開されたとすると、「社会的・職業的自立を目指すキャリア教育」とする現代のキャリア教育論との類似性と感じざるを得ない。

### (3) 「リアリズム綴方教育論㈡」[『北方教育』第14号, 1934（昭和9）年8月]

　ここでは、存在（個をとりまく社会）と表白（ことばによって表された綴方）の関係について述べられている。「『存在』とは必ず我の意識に対象化されたものであり、しかもそれは表白の構成に於て云はれなければならない。」(11頁)として、綴られる時に生活がその綴り手によって意識されるとし、次に生活を現実と置き換え「現実の構造は客観的、主観的なものでなければならない。それは一方的に意識に独立する客観的事実存在でもなく、単なる主観の世界でもない。現実は又従って何等かの表現的意味を持ち、了解の対象界なのである。」(11頁)と述べている。そして、次に存在における表現的意味を説明している。「存在を把握する我にはかうして自律があり、方向性があり、目的性がある。そして更に我はこの方向性によって存在を積極的に捉へて行くのである。」とし「了解の対象界に対して有つ関係こそ我のリアリテなのである。」(12頁)とのべている。これは、「自己充足的な欲求を有つ人間が模索していくのであり、模索の姿が『生活』である。」(「指導の特殊性」)を分析的に説明している。この関係性は序章に示した図序-2のモデル図のメカニズムとの類似性が強い。個を取り巻く社会としての存在には「②進路情報の理解」の対象となる生き方の情報がある。存在を捉えるとは進路情報を理解することに匹敵する、それは「①自己情報の理解」すなわち、「自己理解」を深めることになる。ここでは存在にある進路情報を「自己理解」につなげる方策として綴方による自己表現の活動がある。表現による存在における生き方の情報の把握の方向性には、子どもの価値観や興味・関心といった方向性があり、このつながりを促進していくことがリアリテであり、こうした探索をしていく場が生活として位置づけ

られるのである。

　さらに,「途上にある我のこの事実——しかしこのリアリテの発展的展開として或は徐々に或は飛躍的に,客観性なるものに於て,価値性に於て,普遍の相に於て表はれ得るやうに我にとっては絶ゆることなき精進となり,教育としてはかくまで指導することが必要なのである。」(12頁) と述べ,こうした綴方という表現活動を通し,個を取り巻く社会の「生き方」の情報を,客観性,価値性,普遍性といった発達論的な方向に指導していくことの必要性と説いている。表現活動の手段としての言葉について,次のように規定している。「言葉が言葉として機能を有つといふことの為めに社会が想定されなければならないし,その為めに社会への通用性として言葉は属性を払ひのけてロゴス的性格として登場して来る。言葉は従って特定の存在とともにありながら極めて普遍的な客観性として語られなければならないのみならず言葉自身に更に枯死があり生成がある。それ等すべての条件のもとになされる表白は内なる貯蔵の弁証法的展開の時を貫いて生み出される。」(13頁)

　了解として表現される言葉は,普遍性,客観性が担保されなくてはならず,そのことにより作品に投影される個人性が明らかとなり,表現によって子どもがもつ「生き方」における内的成長が展開されるとしている。

　最後にこうまとめている。我（自己）と存在（自己を取り巻く社会）とを結び付ける表白（言葉で文章綴ること）はその初期の段階で表れるものが個のリアリテとしての純粋な自己表現である。そしてそこから発展的に形成されてくる価値観に,最初にあらわれた個のリアリテをどっぷり浸すことが生活化である。そしてその生活化の過程においては「何度も繰り返すやうに個人的なものから社会性に於て,無価値なものから価値性に於て,主観的なものから普遍の相に於てリアリテが保たれ得るやう我としては克明に目的々な精神が捧げられなければならないし,それが教育論としてはそこまでその方向に於て唯一の手がゝりである表白を通して指導が為されねばならぬ。」(14頁) と説明している。

　「個人的→社会的」「無価値→価値的」「主観的→普遍的」という方向性で,存在（社会）と我（個人）との交渉（言葉による表現）の中で進む過程において,

その中で自律，方向性，目的性をもつ個のリアリテを失わぬようにする。同時に，人生観や社会観を社会化の過程で自らのものにしていくというのである。

### (4) 「リアリズム綴方教育論㈢」[『北方教育』第15号, 1935（昭和10）年5月］

ここでは佐藤サキの「職業」を「㈢再検討」として挙げている。「作品処理は生活処理」が北方教育の運動の中核となり，綴方を通した「生き方」の指導が加速される。ここでは，これまでのリアリズム綴方教育論の展開の端緒となったこの作品「職業」をきっかけに，北方教育の運動の方向性を大きく転換させ「真の作品処理は作者——サキに『生き方』を教へることでなければならなかつたのだ。」(41頁)との重要な表現が示された。これまでのリアリズム綴方教育論の一つの帰着点として表現されたところに意味がある。しかし，佐々木昂はこの段階に留まってはいなかった。サキの作品を前にし，さらに新たな観点を提供している。

「『私には農業が適してゐない。——百姓はやだ——私は一生百姓で終わるのか』といふ意識の必然性に関してゞあるが，これについてはサキはさつぱりふれてゐない。むしろふれやうとしてゐない。無理にも私たちはなんともならないから百姓をしてゐろといふのではないが，この意識の必然性をはつきり握らせておきたかった。こゝに重大な悲劇へのモメントが含まれてゐるのではないか，現代人の不安と深刻な矛盾につながるものが。」(41-42頁)と，指導の対象を作品ではなくサキの生き方であることを確認している。そして，「この点をそっと前提にして置くのでなく，充分安んじて語れるほどにまで指導者は態度しなければなるまい。」と「生き方」の指導者としての教師の心構えを示している。さらに，「殊にまた卒業期の子供として学級組織と空気がすくなくともその子供の思考過程に社会協働者であるところのものが植つけられることが急務である。」(42頁)に至っては，序章図序-2のモデルの「移行支援」に共通した概念に言及していると考えることができる。

当時の小学校高等科の卒業者の進路については「子どもの希望とは裏腹に現実には三分の二が農業に従事」[6]が実態であったようだ。しかし、そうした状況下でも「成田氏が総指揮になって百万画策したな、電報まで飛ばしたりしたな」[7]と同人たちの果敢な進路保障への取り組みがあったということは、進路選択の実態に比してその可能性も存在していたと考えてよいのではないだろうか。

### (5) 同時代の職業指導の動き

北方教育においてその運動理論が進路指導的様相を呈してきた第3期においては、先に述べたように職業指導においてもその展開期を迎えている。1928（昭和3）年には、大日本職業指導協会では雑誌『職業指導』の発行、あるいは全国職業指導協議会の開催で職業指導の普及、および数々の答申や建議が職業指導の改善を求めていく時代であった。また、文部省主催の職業指導調査協議会が、職業指導に関する重要な答申をいくつか出している。その他理論家による職業指導に関する書物の発行も相継ぎ、各地方自治体からも職業指導の教本が発行されている。こうした影響は、北方教育に携わっている教師の学校現場にも及んでいる。当時、職業指導において、適材適所を実効的なものとするための個性調査の実施を学校現場に奨励したが、これについて北方教育社同人鈴木正之は次のように語っている。

官制が、進歩的な教育方法のためにという掛声で、「個性調査」を半ば強要してきた。各校で競争して、立派な用紙を印刷して一人一葉の書き込みがはじまった。佐々木昂は、いつも、これの無用・無意味を嘆いていた。「ある特定の子の個性が世界のどこの書にも印刷されてないという今更らしい個性」（鈴木注…昭和7年7月20発行『北方教育』第8号「菊地知勇氏の文芸運動と綴方教育」）。これを、枠組された項目に一行二行と書き込んで、それをもって、そのひとりの子の真実を表そうという愚かさに怒りをこめて語るのであった[8]。

綴方という表現方法で，子ども理解や子どもの「自己理解」を理論的な展開をもとに教育活動として推進してきた北方教育の教師にとって，それぞれの個性をもち合わせた子どもを尺度で同定しようとする個性調査の瑕疵をはっきりと捉えることができたのであろう。第1章で述べたように職業指導の理論として，人の能力や適性は客観的な道具によって測定でき，人は職業にうまく適合（マッチ）してやっていけるとの特性因子論と，個人のライフサイクルを通じて展開していくその発達過程に重点をおき，ガイダンスやカウンセリングを用いて働く者としての自己の概念化や働く能力の伸長をめざす職業的発達理論があるが，「書くこと」を通し生活現実の中での「自己理解」を深めていこうとして北方教育の同人たちの立場は職業的発達理論の側にあり，特性因子理論への傾注に警戒する姿勢は両理論の対立構造を投影しているとも捉えることができる。

　職業指導が前面にでることはないが，その教育運動に明確な理念が育ちつつある北方教育は，その理論的発達を遂げ，それ以降，明らかな職業指導の観点で産業界と接触する。一方，当初，子どもの個性を尊重した学校教育の実現を目指した職業指導であるが，国家主義，軍国主義的色彩が強まる中，非常時における労務動員という様相を呈してくる。一方では，真摯な教育活動の実践から「生き方の教育」へと収斂し，個人の発達過程を重視した個性尊重の職業指導の考え方を踏襲しようとする北方教育における職業指導の流れは，国家主義的職業指導とは急速に離れていく結果となるのである。藤本喜八が多くの学校がこうした流れに抵抗を示さなかったと指摘していることには既に触れたが，北方教育の同人たちはそれほど恭順ではなかった。

## 3．県内における支部会，研究会活動の拡大

　リアリズム綴方教育論の展開を通じた，北方教育における「生き方の教育」論の構築と並行し，県内における北方教育の支部会や研究会活動が活発に行なわれるようになった。成田忠久の精力的情宣活動とともに，県内にその運動を

ひろげる大きな役割を果たしたのは『北方文選』での新たなアイディア（新企画）であった。

約1年ぶりに発行された『北方文選』第16号は，『北方教育』第8号付録となっており，冊子形式からタブロイド版に装丁をかえた。それに伴い，成田忠久は新企画を打ち出した。16号のはじめの言葉「再刊に際して皆さんへ」の中の一部を紹介する。

今度は皆さんにとつて非常に便利なためになる仕組みを本社で始めました。それは皆さんの住んでゐる郡毎に北方教育社の同人で北方文選の読者のためには進んで作品をみて下されたり，相談に親切にのつて下さる先生を一人以上四五人まで頼んだ事です。同人の方はこの後もふえてゆきますからその郡で一人ぼつちのところなぞ今しばらく我慢して戴きます。
郡委員の先生が皆さんの近くの学校でしたら北方文選愛読者会を皆さんがつくつてその先生からお出でを願つて有益なお話をお聞きする事も面白い事でせうし，本社へ投書する前に郡の先生から見てもらひ度いと思ひましたら二銭の返信料をそへて送りますと親切に教へて下さひます。それで皆さんにその先生方の学校と名前を知らせて置きます[9]。

そしてこの文の後に，秋田県内の7郡1市と新潟，青森，山形の3県あわせて11ヵ所の地域の指導者としての北方教育の同人を紹介している。北方教育支部組織の作成と綴方の通信添削の両方を狙った成田忠久のアイディアである。成田忠久についてはその人となりを既に紹介したが，これまでの彼の活動を見ると，大変活発な取材活動と有能な編集手腕をもつ一面，また，採算もかえりみず自己犠牲をはらい北方教育の精神を伝えようとした伝導者的な側面，さらには古いものに拘束されず絶えず新しいものを求める進取のアイディアマン・タイプ等，多彩なイメージが想起される。外見からは想像がつかないが，彼は大変なタレントのもち主で，彼の斬新性こそ北方教育の拡大を支えた原動力といえるのではないだろうか。

そして,『北方文選』は17号より, 16号で紹介した各郡や市それに県外3県の同人たちを中心にしてその地域の特集を順に組むことにした。この特集により, 16号に掲載した各地域での活動が活発化し,支部的機能を果たすようになることを狙ったのである。この狙いは,その地区での研究会や部会開催という形である程度達せられたため,成田忠久は秋田県内各地に北方教育の拠点ができ,それぞれが活動し始めたことを喜び,次の一文を載せている。

　こゝで「北方文選」が県内一市九区郡を特輯して了へ,各郡版号が機縁となつて,郡同人の実地研究会が展開されて来たのは明かに北教の実践が正しい方向線上を歩いてゐる証左であった。その度毎に北教から多数のメンバーを参画せしめ,各現場へ送つたのである。
　ガンバリスト細部新一郎が玉川へ行く前,大島清蔵,川口弥之助,阿曽村秀一と共に河辺郡日新校で実地研究会が開かれ,文集「砂丘」の批判会を持つたのを手始めに,山本郡湖北校の近藤恭太郎,今野永助が中心となつて部会を動員し,更に秋,山本郡では関瑞臣の八森で,郡教国語部主催の熱烈な会があつた。ついで一部が郡教国語部長鯨岡黒潮氏の学校二ッ井に廻つた。
　雄勝郡では綴方展の草分けをした新山兵太郎が西馬音内中心部会を招集し,由利郡七区が小林恒二,田村修二,佐藤忠三郎,三浦與市,齋藤宗彦の超弩級を擁してガッチリ起ち上がった。その日亀田校の丸山修一郎氏よく終日同人達の活発な動きを見られてゐた。
　加藤周四郎,沢田一彦の明徳校でも全市の座談会が催された。
　かうして部会乃至郡教が動いて来る度,烈々たる北教の血が,観念でなく,肉体化した思想として働きかけて行つたのである[10]。

　各地域の同人の活躍により,北方教育は秋田県全土に拡がりを見せたのである。それと並行し,全県に拡がったこの運動を一度集約し,今度は東北地方全域に拡げる起爆力をつけるべくして,北方教育社主催による「第1回教育講習会」が1933（昭和8）年の夏,秋田を会場に開催されるのである。

## 4．秋田県から東北全円への拡がり

### (1) 北方教育社主催第1回教育講習会

　『北方文選・由利版』（2月発行）における佐藤サキの作品「職業」の掲載，そして一連のリアリズム綴方教育論の先駆けとなる「指導の特殊性」の『北方教育』第12号への掲載と，北方教育の運動の方向性に大きな影響を与えた1933（昭和8）年に，北方教育社主催第1回教育講習会（正確には「北方教育講習会」主催）が7月30日から8月1日までの3日間にわたり秋田で開催された。これまではあくまでも秋田県内を中心に行なわれてきた北方教育の講習会を，第1回教育講習会で対象地域を東北一円に拡げたところに意義があり，北方教育自体がそれだけの力量をもち合わせるほど内的成長を遂げたことを示すものであった。

　また，北方教育の運動理論を普及させる取り組みも行なっている。一例としては加藤周四郎の「生活綴方の現実の問題－生活性と教育性と綴方性－」と題した『北方教育』での連載である。これは北方教育の運動理論をわかりやすく説明したものである。既に取り上げた佐々木昂のリアリズム綴方教育論がやや難解なため，その普及版ということで成田忠久の要請で加藤周四郎が筆を執った。これは『北方教育』第15号まで続き，未完のまま終わっている。この時期の『北方教育』誌は，佐々木昂，加藤周四郎といった「作品研究会」グループらの論文掲載が主になっており，明らかに，北方教育創立時の文学的青年教師のグループから運動理論に基づいた活動に，中心が移行していることを示している。その連載一回目の冒頭に加藤周四郎は次のように書いている。

「綴方科は生活科である。総合科である。人生科である。云々」
　たくさんの先輩によつて叫ばれたこのはなばなしい「結論」は，僕にとつては「出発点」にちがひなかつた。

生活指導。

　教育の分野にひどくなりひゞいてゐて，それだけ，もこたる概念の霧の中にさまよふ指導方向でないだらうか。

　僕は，日々の仕事を地についたしつかりとしたものにしたいために，どうしても理論（根拠）の土台をきずかなければと思った。（理論と実際が，はなればなれに，思ひ思ひに歩いて行く筈はないのだから。）

　だから，僕はどこまでも，「現実の生活事実」にしがみついて，全身的な科学の方法で，こんがらかつた「生活綴方の諸問題を」考へて見たいのである[11]。

　第1回教育講習会については，その宣伝文が『北方教育』第12号に掲載されている。「素晴らしき北教主催の講習会」と宣伝文句も遠慮がなくなってきているが，一方では講習会内容への自信の程がうかがえる。事実，木村文助，西原慶一，野村芳兵衛，滑川道夫と当時の綴方教育第一人者を講師に招いた講習会であった。そのため，会費1円50銭という高額であったにもかかわらず（この講習会の宣伝文の掲載された『北方教育』第12号は73頁の雑誌で25銭であるから，会費はこの雑誌代の6倍である。）県外からの参加も500人をはるかに超えたのである。第1章で触れた大日本職業指導協会が文部・内務（厚生）両省の後援のもとで開いた全国職業指導協議会でさえ，東京で行なった最初の6回の内500名を超えたのは1回のみという実状を見れば，北方教育の綴方を通した教育運動がいかに東北一円に浸透し，また，教育の現場においてどれほど多くの期待を集めたかが分かる。講習会は上記4人の講師が3日にわたり，木村「綴方研究上の諸問題」，西原「実践解釈学と国語教育」，野村「生活統制と綴方教育」，滑川「綴り教育の新生問題について」とそれぞれの演題についてひとりもち時間4時間30分で，交互に3日間講演を行なった。講演の状況は，「講師・会員とも熱気あふれる雰囲気をかもし出しながら続いた。」[12]とある。講演もさることながら，この教育講習会開催中の8月1日に発行された『北方教育』第12号が北方教育の指導理念を広める上に大きな働きをしたと思える。なぜならば

教育講習会参加者の多くは『北方教育』第12号を購入したであろうし，その中には佐々木昂の書いた「指導の特殊性」が掲載されていたからである。講習会と同時に，全国文集展覧会も開催され全国各地で実践された作品の情報交換がはかられた。最後に，この教育講習会の成功を物語る描写があるので紹介しておく。

　最終日に持った座談会に集まった県外からの参加者は，胸のたかぶりを真実の言葉で吐露してくれた。山形の国分一太郎，新潟の池田和夫は，すぐ同人として肩を組んで活動したいと申し込んだ。岩手からは及川晃氏らがきていたが，この人たちにもあふれる感激を語った。私たちはもう，長い間の取り組みの苦労も消しとんで，熱い熱い胸のたぎりとともに，会場の破れるばかりの拍手でこたえたことだった。[13]

## (2) 岩手県稗貫郡部会綴方講習会後の拡がり

　北教主催第1回教育講習会は翌年岩手県にその情熱の炎を燃え移らせた。秋田の教育講習会に参加した岩手県花城校の及川晃らの尽力で，翌年1934（昭和9）年の6月9，10の両日岩手県花巻町花城小学校を会場に綴方講習会が開かれたのであった。講師としては，北海道からの木村文助を除き成田忠久，佐々木昂，加藤周四郎等6名すべて北方教育同人であった。秋田の大会では，講師はすべて秋田（東北）以外の地域で活躍している人たちであった。大会参加者は250名，これをきっかけとして北方教育岩手県部会が創設されるのである。また『北方教育』第14号では「岩手県特集号」を組み，北方教育同人田村修二（由利郡亀田校）や岩手で活躍する教師達の論文を7編掲載したのである。この中で，ジャーナリズムにのって一世を風靡している世の綴方教育に対し，北方教育は一定の見識をもっており，運動のあるべき姿を確認するため田村修二は「北方性の展開」という一文を載せている。

個人的に優秀な指導者はある。綴方教育にジャーナリストとしての名声をもつて（ママ）ものも少なくないであらう。然しその多くは綴方を一つの個人的な趣味としてゐる独善主義者か，商売根性の売名者であつて，真の意味に於ける教育実践者ではない。綴方科の教科乃至その教育における位置の確認はもとより，其の史的研究の欠除，指導方法等の浅薄一律等それは実に真実の教育を，志向し，実践するための集団性の欠除貧困に基くものといへる。個自らの内面に持つかゝる集団性への自覚，そして集団組織による自らの社会的価値的教育実践力の批判是正，そして常に我々の働きの基礎的動力をして確かな方向と自信とを付与せしめ之が方向として進展する時には常に側面から之を支持されるものを持つことこそは，新らしき世代に於ける真実モラルであり，真実の教育者的精神であり，真実の綴方教育者的生活である[14]。

ここで田村は，教育運動に於ける集団組織の重要性を説き，実践等に対する自己批判による運動の成長の必要性を説き，個人的実践を否定している。教育運動における個人的実践の否定は北方教育における独特の考え方である。その底流には，できるだけ多くの子ども達を支援するには運動拡大とその組織化による実践の共有が不可欠であるという考えがあるからである。運動理論の構築と，実践と連携する理論の構築，これは，一人ひとりの子どもの「生き方」に寄り添う教師本来の姿であり，それが北方教育の思潮でもあった。

## 5．北日本国語教育連盟発足

### (1) 北日本国語教育連盟設立前夜

　北方教育の同人が使命感をもち，大挙岩手に繰り出した1934（昭和9）年に，北方教育は，宮城県とも接近するようになる。
　まず，この年の8月に宮城県国語教育研究会主催に夏期講習会が仙台で開かれた。この会には山形県における北方教育同人国分一太郎が招かれ研究発表を

行なった。彼はこの場で『綴方生活』や『北方教育』を紹介し，特に北方教育については先に上げた詩「きてき」を紹介しながらその理論を説いた。そして同年11月，宮城県広瀬小学校で綴方研究会が行なわれ，今度は秋田県の北方教育同人である佐々木昂そして加藤周四郎が招かれたのである。これに関する2人の動向は，以下のようである。

　11月2日，佐々木昂，加藤周四郎が秋田を出発した。研究参加もさりながら，できるだけたくさんの東北各県の自主的機関紙に拠るグループ青年教師たちに会ってきたい，ということを最大のねがいとして持った。何のために―――（北方の子どもたちを育てる相談のために）（あくまでも子どもの教育実践という独自性に立って地道な教育文化運動をつづけて行くことを理解してもらうために）。そのために，山形を，福島を宮城を，岩手を廻ってきたい，というものであった[15]。

　この時の彼等の行動を眺めると，2日に山形に行き，日刊山形新聞社学芸部長の村山俊太郎に会っている。村山は1932（昭和7）年の教労事件で教壇を追われている。翌日は，山形から汽車で福島を経由して仙台に向かう。一方，国分一太郎は自転車で奥羽山脈を越え，別途仙台に向かったのである。その日仙台に東北地方の北方教育同人たちが結集し，二人の歓迎会がもたれた。仙台からは，菊池譲，佐々木正，鈴木道太，菅野門之助，沢畑正こらが参加。それに県外から，福島県の木下竜二，山形県の国分一太郎，それに歓迎される加藤周四郎，佐々木昂の2人がいた。ここで活発な議論が交わされ，東北を中心とする教育文化運動を通じてこの全日本の文化運動に貢献しようとのことで，歓迎会が一転して組織結成への準備会となったのである。

　ここに，北方教育を東北全円を覆う教育運動へと発展させる組織「北日本国語教育連盟」が結成されたのである。実際の活動は翌1935（昭和10）年事務所を秋田市楢山三枚橋の北方教育社に置くことによって開始される。

## (2) 北日本国語教育連盟の特徴

　この連盟の名前からは国語科教師の研究会ととられがちである。この連盟の性格について北日本国語教育連盟の会則を眺めて見よう。第二条の目的には「本連盟ハ北日本地帯ニ於ケル国語教育ノ真実ナル研究ト国語教育ニヨッテ北日本ノ文化ノ向上ヲ期スルヲ以テ目的トス」と書かれ，国語教育をその手段の中心に置いているように見えるが，第三条には組織について「本連盟ハ北日本ニオケル各国語集団ノ連繋ヲ以テ組織ス」の条文がある。ここでは国語集団といういい方をしているが，綴方を通し生活主義を掲げる教師集団をさしていると考えてよいであろう。また，第六条「本連盟ハ機関誌トシテ月刊『教育北日本』ヲ発刊ス」と第九条「本連盟ハ毎月２回『北方文選』ヲ発刊ス」では，機関誌については，『北方教育』とは別の独自のものを発刊するとしているが，文詩集については，既存の北方教育から出していたものを流用する形をとっている。また役員には北方教育の同人を中心にその賛同者の集まりとなれば，まさにこの北日本国語教育連盟は，北方教育の東北版と位置づけられる。

　次に，なぜ綴方とせず，国語という言葉を使用したのであろうか。これについては，加藤周四郎への聞き取りにて，一般的でない綴方を使用することにやや抵抗があり，国語というより一般的な教科名を使ったとのことである[16]。国語教育を前面に掲げることにより，綴方教育により多くの教師が近接する可能性にもかけたのかもしれない。

## (3) 機関紙『教育北日本』創刊

　1935（昭和10年）１月23日，機関誌『教育北日本』[17]創刊号が発行されている。その１頁の「北日本国語教育連盟設計図」と題された結成への宣誓には，子どもの今ある生活環境を「生活台」という新たな表現を用い，次のように組織の運動目標を設定している。

『生活台』への正しい姿勢は，観照的に，傍観的に子供の生活事実を観察し，記述することを意味するのではない。我等は濁流に押し流されてゆく裸な子供の前に立つて，今こそ何等為すべきところなきリベラリズムを揚棄し，「花園を荒す」野生的な彼等の意欲に立脚し，積極的に目的的に生活統制を速やかに為し遂げねばならぬ。

それ故我等は先づ北日本の国語地帯を足場とし，昨年十一月，宮城，山形，福島，岩手，秋田の同志を糾合して「北日本国語教育連盟」を結成した。

更に我々は執拗に，漸次北日本の教育全野に向つて驀進すると同時に，全日本に対して働きかける計画を有す。

我等は斯く北日本国語教育連盟について宣誓す[18]。

生活台とは特殊な表現であるが，北方教育では，子どもたちの生活に基づいた生活環境を生活台と呼んだ。「生活台に立つ」との表現もあり，「生き方の教育」を考えるとき，「自己理解」を促進する生き方の情報として生活環境を綴方を用いて見つめさせたのである。言い換えれば，北日本という生き方の基盤となる生活台への正対を求めたともいえる。こうした姿勢は，先にあげた北方教育におけるリアリズム綴方教育論の延長線上にあるといえる。

以上考え合わせると，この北日本国語教育連盟は，これまで培ってきた北方教育の運動方針を東北全円に渡って実践するための教師組織であると結論づけられるであろう。北方教育の運動理論がまさに「生き方の教育」をめざすものとすれば，この連盟の組織自体，連盟の役員たちに意識されたか否かに拘らず，「生き方の教育」を実践するための東北地方における教師たちの活動の拠点と位置づけられる。

その後，『教育北日本』創刊号の発行された年の8月5・6日の二日間秋田市明徳小学校で，北日本国語教育連盟主催の第1回北日本国語教育連盟訓導協議会が開催された。会場には，北方教育東北版にふさわしく東北各県から300名を超える参加者があった。また，研究発表が各県一人ずつにより行なわれ，連盟の広がりを見せ付けた。さらに，東京より『綴方生活』の主幹小砂丘忠義，

それに同人の今井誉次郎，城戸薫が参加したのである。

　研究発表における代表的主張は次のようであった。宮城の鈴木道太は「生活解釈学」を提唱し，「文学作品はモールトンに従えば自然な人生の解釈である。」と前提し，「国語教育に於ける解釈の作業も又，作者の生活解釈を，読者が生活解釈することに他ならない。」と語った。福島の大竹重信は「児童文に依る意的鍛練の貧しい実践を報告する。」と前提して，「北方の子たちには，生活力を付与することが一番大事だ。」といい切った。秋田の鈴木正之は「僕たちは，この子供たちを，生きる正しい技術と逞しい姿勢をもつ生活者にして，生活戦線に発射してやることだ。」とし，山形の国分一太郎は「北方に於ける言語教育は常に『生活教育と共にありき』でなくてはならない。文も詩も（言葉である限りにおいて）は『北方言語』の真実を希求する仕事でなくてはならぬ。『綴方教育』の道は又，『生活とことば』のまことに一致のあるなしを解釈する力の指導に他ならない。」と主張した。

　これらの主張は，北方教育の運動の方向性そのものであり，この協議会こそ，成田忠久がめざした北方教育の情宣活動の一環に他ならないのである。北方教育は，さまざまな集会を開催し，その参加者の共感を得ることにより運動の輪を拡大していったのである。リアリズム綴方教育論に示される「生き方の教育」としてのブレない運動理論がその背景にあったことも拡大の大きな要因のひとつであったのではないだろうか。

　約20日後，仙台にて第2回北日本国語教育協議会が開かれた。これは仙台の菊地譲を責任者とする北日本国語教育研究会の主催ではあるが，中心メンバーはみな北日本国語教育連盟に加入しており，この会も北方教育の運動理論を拡げる役目を果たすのである。その後の北日本国語教育連盟訓導協議会についてであるが，2回目開催の記録はなく，第3回が1936（昭和11）年の夏，宮城女子師範附属小学校を会場に開催された記録は残っている。またこの間の研究会等の開催であるが，1935（昭和10）年6月に岩手県中里小学校を会場に教育研究会が催され，加藤周四郎が講師として参加した。参加者500名であった[19]。

　その他の連盟の活動として出版活動があげられるが，『教育北日本』は創刊

号のあと，1号（昭和10年9月）2号（昭和10年10月），3号（昭和10年5月）と出版されるが，『教育北日本』はこの第3号をもって終刊となっている。『北方文選』については，1935（昭和10）年の10月，11月，12月と1936（昭和11）年の3月の4回発行されただけになっている。

## (4) リアリズム綴方運動の拡がりと成田の呼び掛け

　東北各地で北方教育の運動方針をどう具現化し，実践にむすびつけていったかは，既述の佐々木昂「リアリズム綴方教育論(三)」（『北方教育』第15号）に詳しいので紹介する。

　宮城では菊地譲先生を主体とする「国語教育研」の大集団の中に，「工作・国語教育」「実践綴方地帯」の堅実なメンバーが非常な動力となつて，伊藤，横澤，鈴木，佐々木，菅野，澤畑，鎌田，佐藤。氏家，源，五十嵐，佐藤みさいの諸氏がリードし，あらゆる日常実践をリアリズムの強靱な立場から遂行してゐる。しかも宮城の教育一般は非常な自由主義で，思想の交通性がはげしいから加速度にリアリズム実践の展開が予想される。
　「国語教育研究」(3)で佐々木正が「リアリズムの綴方」を書いてゐるが，その中でも鈴木道太氏が――概念を粉砕して正しいリアリズムへ――といひ，菅野門之助氏が――文をリアリズムの立場に立たせることを今学年の工作計画とする――といつてゐることにふれてゐる。
　「綴方評論」に拠る鈴木，栗山，菅原氏等は「北方の意欲性」を捉へて，全国的なメンバーを動員してゐるが，ともに皆北方の人柱に立つ意志からである。
　宮城には尚これ等を通じて大阪の小川隆太郎氏や入江道夫等のリアリズム的影響も入つてゐる[20]。

　その後，リアリズムとの語句を伴ひ，北方教育は，福島，山形，岩手，青森と燎原の炎のごとく拡大していくのであった。佐々木昂の「指導の特殊性」か

ら始まる一連のリアリズム綴方教育論が東北地方全体への運動の拡大に伴い広がっていったのであろう。しかし，教育運動というものは，その拡がりに比してその理念や方法の浸透が稀薄になっていく。「生き方の教育」そのものの概念が十分浸透しない中，リアリズム綴方論で佐々木が主張する内容を十分に理解して実践できる教師は少ないであろう。実践の成果に心を動かされた教師はその形だけをまねることにより運動の精緻化が阻害される場合が考えられる。北方教育についてもこの危険性はあった。これを防止する為，成田忠久は北方教育の運動原理を再確認するため，次のような「北方の同志よ」との呼びかけを全国の生活綴方教育運動に強い影響力をもつ雑誌『綴方生活』を通して行なった。

　親愛なる同志よ。／北方性の問題は究極「生き方」の問題であるのだ。綴方理論として北方性も南方性もあり得ないのであるが，リアリストとしての僕達は先づ主体を確認することによつてのみ目的指導論が樹てられ，方法指導論が樹立され得るのだ。
　この等しき北方の生活台にある僕達は先づ客観的に同じ農村であつても都市であつても北方の農村が，都市が，その生活相に於て如何に異り位置してゐるかの現実主体の確認を足場とせずして教育の方向はあり得ないのだ。
　　　　　　　　　　（中略）
　親愛なる北方の同志よ。／僕達は常に教壇実践を通してのみものを言ふ態度を失つてはいけない。
　尚，僕たちの成長は常に絶えざる自己批判と絶えざる集団批判によつてのみあることを忘れてはいけない[21]。

　成田の呼びかけは北方教育が最後に示した公に対する見解となる。北方の生活台を背景とした「生き方の教育」であることを念頭におき，教壇実践を基盤とし，自己批判と集団批判を常に忘れない姿勢を確認した成田の呼びかけは北方教育の教育活動としての優越性を維持し発展させるための強い願いが示され

ている。

# 6．北方教育社専属印刷所取得と北方教育社の倒産

## (1) 北方教育社の移転

　北日本国語教育連盟の事務所は秋田市楢山三枚橋の北方教育社に置かれたが，実はこの時点で北方教育社は移転をしていたのである。理由は1934（昭和9）年5月楢山三枚橋にあった高田印刷所の経営権を成田忠久が譲り受け，北方教育専属の印刷所を所有したからである。印刷所の所有は同人の長年の夢であり，同人たちの資金調達の努力の結果であった。また一方では，成田の豆腐屋も経営が思わしくなく，また，折りしも，企業整備令[22]の施行で個人営業が難しくなるとの情報もあり，彼自身豆腐屋にかわる職業への転換を考えていた矢先に，印刷所譲渡の話がもち上がったのである。そのため，話がうまく進み，本町6町目の商店街にあった豆腐屋を引き払い，静かな住宅地にある楢山三枚橋の高田印刷所に移ったのである。

　スポンサーなしで教育運動を展開している組織が，印刷所を維持し，組織内で印刷，製本，出版と一貫して行なうということは，北方教育が教育運動としての新たな段階に入ったと考えられるべきである。印刷所で先に紹介した岩手の特集を組んだ『北方教育』第14号から冊子形式では最後の発行となる第16号まで，また『教育北日本』の創刊号から第1号〜第3号まで等の組織の機関誌の発行が行なわれた。

　北方教育印刷所が北方教育の同人たちにとってどのような場であったか，鈴木正之は次のように描写している。

　印刷所は同人の巣のようなもので，いつも必ずといっていいほど同人の誰かがトグロを巻いていた。二人三人となると激論が交わされる。成田オヤジは髭つらの童顔でニコニコしながら，それを見守る。茶菓の接待，ある場合には飯

の仕度，寝床の用意まで，奥さんや家族全体が受け持つのだ[23]）。

## (2) 1934（昭和 9）年の凶作

1931（昭和 6）年の東北地方の大飢饉に続き，1934（昭和 9）年の凶作はそれを上回る深刻な打撃を東北地方に与えた。その惨状は次のように示された。

昭和 9 年は，東北地方は「暗い夏」と呼ばれるような天候の中でひどい冷害に見舞われ，大凶作となり，農村地帯は悲惨の極となった。（中略）この年の凶作は，平地部で二割減，山間部で七，八割減から皆無という状態。県内から離村した女性は県保安課の調べによると一万名を超え，そのうち千名以上が直接売春関係に入ったという。欠食児童も急増し，県学務課の調査では四千四百人。数か月の給料遅払いの教師たちが，金を出しあって給食した，という話もあちこちに伝わっていた[24]）。

『教育北日本』創刊号の「みうり経済学」にその娘の身売りについて正確な数値をあげ原因を追及している[25]）。また，女性ばかりでなく男性についても「人肉市場」との呼称で人身売買が行なわれた。秋田の横手町にたてられた人肉市場では，親が受けとる金は働きざかりの成年男子で300円前後だった。男たちは作男や蟹工船の乗組員として売られていった。当時の物価では，散髪代50銭，銭湯 5 銭，タバコ10銭，大学卒新入社員のサラリーが50円前後という事から考えると，流通状況で貨幣価値の変動があり一概に比較はできないが，比較的安価で労働力の売買が行なわれていたようであり，農村の生活が極限にまで追い詰められた状況であることがうかがえる。

## (3) 印刷所の閉鎖

北方教育社が同人たちの出資により自前の印刷所をもった1934（昭和 9 ）年

5月から，数ヵ月後，天災，大冷害が東北地方を襲い北方の地を不況のどん底に落とし入れた。印刷部門を搭載した「北方教育社」号は新たな船出の直後，大嵐に見舞われたのである。教育実践では優れた同人も経営面の未熟さや冷害等の影響により追い詰められていく。結局，滑川道夫の大反対を押し切り1936（昭和11）年に始めた『夕刊秋田』の発行が，北方教育社の運営に致命的打撃を与えた。その経緯は以下のとおりである。

そして事業の拡大として，北日本国語教育連盟機関誌『教育北日本』をはじめ学校文集（例えば秋田市明徳小学校『ふきのたう』）等各種の教育文化関係印刷物を製作し，一定の役割を果たした。『夕刊秋田』の刊行もまた「教化事業ノ拡大」（印刷所設立の趣意書中の語句…著者注）に位置づけられるが，その営業担当者の広告料使い込みの大穴が北方教育社経営の命取りとなっていく。しかし印刷所所有の時期は，前年の豊作の余慶があり，また昭和9年の秋の凶作を予知出来ない時に出発している。従ってその年の後半からの慢性的な雑誌代の徴収不良に経営が苦悩し，事業の拡大は教化のためよりも「経営基礎ノ安定」（同趣意書中の語句…筆者注）のための必至の努力から生まれたものである[26]。

1937（昭和12）年8月14日，3年3ヵ月の短い期間であったが，北方教育社の中心的存在であり，同人たちの拠り所であった日本の教育運動史上でも画期的な北方教育専属印刷所は閉鎖された。

この北方教育第3期では，内的充実と外的破綻が錯綜した時代であった。内的には，佐藤サキ「職業」をきっかけとし，リアリズム綴方教育論に代表されるような運動における理論構築がはかられる一方で，冷害，不況の影響下で誌代回収が思うようにいかず，所有したばかりの専属印刷所を失い活動の拠点を喪失するという外的変化も大きいものがあった。これにより，北方教育は，県内においては，秋田市を中心とした活動から，郡支部を中心とした地方の活動へ，また東北全体では，各県へその活動は根をおろし始めた時期でもあった。1937（昭和12）年は，盧溝橋事件，国民精神運動と内外双方で国家主義的傾向

のいちじるしい時代であり，全国各地の教育運動へも時代の波が押し寄せていた。しかし，この年，鳥取県を中心に生活綴方運動を展開し，『国・語・人』を発行していた佐々井秀緒が秋田を訪れた。そこで彼は，「何一つ変っていない。」[27]と驚いたという。これは，各地の教育運動と同様，北方教育も時流に流され，運動の縮小や運動方針の転換がなされていると想像した佐々井秀緒の北方教育の活動を目の当たりにした率直な感想であった。この佐々井の言葉は，専属印刷所の閉鎖等経済的側面，あるいは国家主義の中での思想の右傾化という精神的側面と双方の影響下で，北方教育の運動は依然，勢いを有し活動が展開されていたとの証しでもあるのではないだろうか。職業指導を標ぼうしてきた教師たちの多くが労務動員の流れに組み込まれる中で，北方教育の教師たちは，依然独自の姿勢を貫いていたのである。

## 【注】

1) 佐々木昂「リアリズム綴方教育論㈢」『北方教育』第15号，1935年，41頁。
2) 「児童作品の研究」の付記『北方教育』第11号，1933年，64頁。
3) 佐々木昂「リアリズム教育論㈢」『北方教育』第15号，1935年，36頁。
4) 佐々木昂「指導の特殊性」『北方教育』第12号，1933年，8頁。
5) 佐々木昂「リアリズム綴方教育論−序論−」『北方教育』第13号，1934年，38頁。
6) 木村元「第10章教育実践と教育学の新展開の諸相」『人口と教育の動態史−1930年代の教育と社会』多賀出版，2005年，548頁。
7) 佐々木昂「リアリズム綴方教育論(3)」『北方教育』第15号，1935年，41頁。
8) 鈴木正之「北方教育社のころ［3］」『教育』No.234，1969年，122頁。
9) 成田忠久「再刊に際してみなさんへ」『北方文選』第16号，1932年。
10) 成田忠久「北教・自己批判−昭和9年度回顧」『北方教育』第15号，1935年，62頁。
11) 加藤周四郎「生活綴方の現実の問題−生活性と教育性と綴方性−」『北方教育』第10号，1933年，23頁。
12) 鈴木正之「北方教育社のころ［5］」『教育』No.236，1969年，69頁。
13) 鈴木正之「北方教育社のころ［5］」『教育』No.236，1969年，71頁。
14) 田村修二「北方性の展開」『北方教育』第14号，1934年，54頁。

15）鈴木正之「北方教育社のころ［6］」『教育』No.237，1969年，106頁。
16）加藤周四郎はこの点について，聞き取り調査時（1990年12月19日の福島県石川町加藤周四郎氏自宅での聞き取り）にほぼ指摘は適切とし，「実は北日本生活教育連盟と当初は考えていた。しかし，生活教育という概念が一般的に浸透してはおらず，全体の意見を尊重し北日本国語教育連盟とした。」と述べている。
17）既に同名の雑誌は発行されていた。「畠山花城氏，佐藤隆徳氏を編集同人にする「教育北日本」が創刊されたが，明日の日本をタントウするのは北方の偉力であることに着眼したものだ。」(『北方教育』第4号「編集雑俎」1930年7月66頁。)
18）北日本国語教育連盟北方教育社『教育北日本』北方教育社，1935年，1頁。
19）戸田金一『秋田県教育史（北方教育編）』みしま書房，1979年，349頁。
20）佐々木昂「リアリズム綴方教育論㈢」『北方教育』第15号，1936年，37-38頁。
21）成田忠久「北方の同志よ」『綴方生活』第7巻第5号，モナス，1935年，6頁。
22）1942（昭和17）年5月に公布された太平洋戦争下の非常時における中小企業の整理・淘汰に関し法的強制力を付与した勅令。
23）鈴木正之「北方教育社のころ［8］」『教育』国土社，No.239，1969年，87頁。
24）鈴木正之「北方教育社のころ［3］」『教育』No.234，国土社，4月号，1969年，124頁。
25）『教育北日本』創刊号，1935年，6頁。
26）戸田金一「成田忠久と北方教育社経営」秋田大学教育学部研究紀要第34集，1984年，122頁。
27）加藤周四郎との聞き取り調査による（1990年12月19日）。

# 第5章

## 北方教育と進路保障（第4期）

　第5章では，第4期として，1938（昭和13）年3月から1940（昭和15）年11月の治安維持法違反で多くの同人が検挙され，北方教育の運動が事実上終息するまでの期間とする。第4章が攻めの時期とすると，この時代は守りの時期に入ったといえる。まず，運動理論に対して受けた攻撃から自身を守る時期である。教育誌上の座談会等の場で，学校教育からはみ出していった北方教育はその理論や活動の在り方に対し批判にさらされるのである。もうひとつは時局における攻撃である。子どもたちの労働力を数量的にしか見ない時代が到来したため，北方教育に於ける職業指導の活動も多岐に亘り，同人の中には学校における職業指導の枠からはみ出て，教職を辞して労働行政や職業訓練施設の職員となるものも出てくる。最終的には時局の流れに抗しきれず多くの北方教育の同人は身柄を拘束されるのである。

## 1．戦時体制への突入と職業指導行政の方針転換

　1937（昭和12）年の日中戦争勃発に伴い職業指導も戦時体制に再編成されていく。翌年の職業紹介所の国営移管や国家総動員法の施行に伴い，1939（昭和

14）年には以下の内容の労務動員計画が実施されることになる。

　小学校卒業生総数約250万人中，進学および家事従事志望者計約200万人を除く約50万の卒業児童が，動員計画の対象になった。従って職業紹介機関は学校と協力して，この50万を目標に職業指導を行うことが至上命令となったのである。そのため職業行政では急遽配置された職業指導専門職員の奮起を促すことはもちろん，職業紹介所の少年部を拡大強化して，この職業指導に当たることになった[1]。

　ここで，第1章でとりあげた豊原又男の「少年の職業指導運動及び施設」および服部翁の「小学校と職業指導の問題」の一文を思い出していただきたい。前者は劣悪な弱年労働者の労働環境について述べ，言外に弱年労働の弊害をも示しており，後者は十分な職業教育を受けずに卒業していく尋常小学校の卒業者の将来性のない労働環境を嘆き，高等小学校においても職業指導の不十分さを補う必要性を訴えている。また，第1章で紹介した文部省主催職業指導調査協議会の答申「尋常小学校ニ於ケル職業指導施設要項」の「実施上ノ注意」の4に「尋常小学校ノ卒業生ニ対シテハ幼年就職ノ弊ヲ除クコトニ努メ，事情已ムヲ得ザルモノニ就イテハ特ニ其ノ保護補導ニ留意スベシ。」の記述があり，基本的に尋常小学校を卒業してすぐ就職は好ましくないとしている。ところが，1938（昭和13）年にいたって，労働行政における弱年労働の扱いが180度転換した。戦時体制下の労務動員計画においては，最初に一番弱い部分にその悲劇が訪れた。精神的にも肉体的にも労働する上で十分発達しきれていない児童を，国家総動員の名のもとに職場に教師は送り出さなくてはならなかった。文部省主催職業指導調査協議会が，昭和6年から昭和12年まで長年協議し作り上げた答申の精神は，脆くもその翌年に施行した国家総動員法によって崩れ去ったのである。職業指導に付与された機能は国策に大きく傾注していくのである。

## 2.「はみ出て来た所」について

　職業紹介所の国営化，国家総動員法の施行した1938（昭和13）年の3月，東京の如水会館で，雑誌『教育』（岩波書店）主催の「生活教育座談会」が開かれた。内容は如何に教科を通して生活指導を行なうかというもので，北方教育からは同人の佐々木昴と鈴木道太が出席した。この時の様子は，1938（昭和13）年5月発行の雑誌『教育』に掲載された[2]。この席で，鈴木は「正直に言ひますと，東北地方の綴方教育のなりたちは，日常生活を端的に表現することを最初非常に重要視したことは確かです。それをやつて居る中に凶作になつて，北方性といふ問題が出て来たのです。そこで吾々は成るべくはみ出て来た所を知らうとした。所がそれは綴方では解決がつかないから，いつの間にか綴方教師は生産的仕事に従事しはじめた。鯣取りをさせたり，新聞配達をさせたりし，綴方教師が皆生活教師になつてしまつた。」（78頁）と発言し，教科としての綴方から「はみ出て来た所」への指導への移行，ここでは生産的仕事つまり経済活動を伴う働く指導へと移行したと発言している。続いて佐々木昴が佐藤サキの作品「職業」をあげ，「…これは綴方では解決が出来ないから，皆で相談して，どういふ職業に就けてやるか，その子供を何とかしてやらなければならないといつたやうな，綴方以外にはみ出した問題が起こったのです。斯ういう『本質』でないやうな所に，生活綴方の根本があるのではないかと思ふ。東北では斯ういう問題が一番多いのです。」といい，そして「その結果はみ出していくものこそが本当の教育だと思ふ。」（79頁）とはみ出したことを肯定的に表現している。

　教科教育の一つである綴方からはみ出た部分が本当の教育という主張は，綴方を教科として指導してきた教師にとってはおもしろくない。「綴方で生活指導ができるといふ理論は僕は反対だ。」（山田清人，深川区毛利小）（79頁）という意見は当然出てくる。議論は教師の教育活動の範疇といった課題に言及される。村落教育（地域教育）の重要性が言及する中，教師は地域に出てまで教育

## 2.「はみ出て来た所」について

をするのではなく「先生は学校に引込んで，学校を通じて子供を社会に出すことを考へて教育すればいいのではないかと思ふ。」(城戸幡太郎，「教育」編集部) (84頁)とあくまでも教師の活動拠点は学校の中に留める見解や，「…綴方になぜ生活主義の問題が起こったかといふと，日本に社会研究科如きものが特設されていないからだと思ひます。」(留岡清男，「教育」編集部，教育科学研究会) (86頁)と，教育課程上の問題に帰し，生活綴方で取り扱う社会生活の問題を担当する新しい科目を設置し，学校における地域教育の充実を図るといったあくまでも学校教育の中で扱う問題と主張が続いた。最後に座談会は，「生活教育の問題は綴方や算術の問題ではなく，教育全体の問題として検討して行かなければならん問題だと思ふのです」(城戸幡太郎，「教育」編集部) (87頁)と締めくくられている。

　この「はみ出て来た所」の議論は，「児童ノ日常見聞セル事項及処世ニ必須ナル事項ヲ記述セシメ」と，日常生活を題材として誕生した綴方科そのものに他教科と比較してはみ出る可能性はあったのかもしれない。あくまで教育課程内で捉えた場合，戦後の学者指導要領上で考えると，授業 (class) から「はみ出た」(extra…〜以外の) 活動ということであるから"extra-class activity"とすると，それは「特別活動」となる。(日本特別活動学会の英文表記は，The Japanese Association for the Study of Extraclass Activities となっている)。「特別活動」は戦後，1958年 (昭和33) 年に「特別教育活動 [1968 (昭和43) 年に特別活動となる]」として登場する。同年に改訂された中学校学習指導要領の「特別教育活動」の内容は「学級活動においては，…将来の進路の選択等に関する活動を行う。なお，特に将来の進路の選択に関する活動においては，次の事項についての指導 (進路指導) を行うことが必要である」とされた。ここでは，特別教育活動が進路指導の拠点として位置づけられ，学級においてその確実な展開が求められたのである。教育課程の領域で検討するとこうした議論になり，一方，教育課程の機能論からの見解では，生徒指導や進路指導といったガイダンス論として議論できる部分でもある。

　北方教育の代表で発言した鈴木道太，佐々木昂らが主張した「はみ出てきた

所」は，教科外の教育活動としての特別活動の概念に近いものであり，その求めた内容は，ここで上げた特別活動の目標に繋がるのである。学習指導要領として初めて告示された1958（昭和33）年から遡ること丁度20年，北方教育の同人達の主張は，教育課程の在り方の方向性を暗示したのではないだろうか。キャリア教育・進路指導が基本的に志向する地域主体（community-based）の考え方もうかがえる。

　北方教育の実践のこれまでの経緯については，鈴木の発言にあるように，北方性は後から付随して生成されたものである。凶作に伴う子どもたちの生活の変化が，より彼等の運動理念を加速的に凝縮し，かつまた明確なものとしていったのである。しかし，基本には子どもたちの「生き方の教育」のという意識が前提となり，運動の対象となる子どもたちの生活台（生活環境）によって，その方向性が北方的傾向を帯びてきたのである。彼等の運動の特徴は明確である。いかなる環境にあろうとも，子どもの生活環境はその環境のレベルに合わせたさまざまな問題を有する。教科指導からはみでた活動により，子どもの環境に存在する「生き方」を阻害するさまざまな要因を取り除き，子どもの進路を保障する姿勢はいかなる時代でも教師に求められる態度である。2008（平成20）年告示の中学校学習指導要領の総則に「生徒が自らの『生き方』を考え主体的に進路を選択することができるよう，学校の教育活動全体を通じ，計画的，組織的な進路指導を行うこと。」と明記され，教育活動全体をとおした進路指導が求められている。この「はみ出てきた所」に対する活動は教育活動全体をも逸脱したものであるが，4分の3世紀以上経った今現在，時代背景や質的な変化はあるものの，さらにその重要性が増してきているのではないだろうか。

　なお，2年後の1940（昭和15）年には教育科学研究会の会長城戸幡太郎，幹事長留岡清男は大政翼賛会に参加するのである。「生き方の教育」の分岐点の存在を感じさせる動きである。

## 3. 佐々木昂「生活・産業・教育」

　1936（昭和11）年の第16号を最後に『北方教育』は冊子形式からタブロイド版にかわる。その後5回ほど4頁程度のものが発行されているが，機関紙としての機能からすると，第16号をもって『北方教育』の終刊とみなしてよいであろう。その後，北方教育の同人たちは『教育北日本』を通じて意見発表を行なうが，同誌も1937（昭和12）年の北方教育社印刷所の閉鎖により事実上廃刊となり，彼等は誌上活動の場を失うのである。しかし，それにかわるものとして，1935（昭和10）年に発行された『生活学校』がその役割を果たすようになった。この雑誌は，志垣寛らによる池袋児童の村小学校から分かれ，訓導鷲尾知治により設立された東京児童の村小学校における児童の村生活教育研究会の機関誌である。編集人には野村芳兵衛がなった。その1938（昭和13）年6月号に佐々木昂は「生活・産業・教育」と題した論文を載せている。

　如水会館の座談会にしてもこの論文にしても，そのきっかけは留岡清男（教育科学研究会）が「酪聯と酪農義塾」[3]において発表した綴方をとおした生活指導への見解がもとになっている。この中で，留岡清男は「子供に生活の記録を書かせ，良い作品ができたらそれを読んで聞かせる，そうすると生徒同士が感銘をうける」と綴方をとおした生活指導をとらえ，これでは，「綴方教師の観賞にはじまって感傷に終わるに過ぎない」と述べている。また，「一体生活指導を実際どんな風に実施してゐるか，そしてどんな効果をあげてゐるか。」と綴方をとおした生活指導の教育実践上の教育効果における評価の脆弱さを指摘している。留岡の生活教育の視点から行なわれた生活綴方批判は，既に触れたようにカリキュラム論にまで広がる議論を生むことになる[4]がここでは職業指導との関連における検討に留める。留岡は綴方をとおした生活教育には否定的で，翌年の『教育』に掲載された如水会館の発言にもあるが社会（研究）科が行なうべきであると説いている。これに対し佐々木昂は，これまでの彼の理論をまとめ，現状を整然と分析した上で反論し，「生き方の教育」の見地から実

践者である教師としてなにをなすべきかを正確に見通している。こうした攻撃から身を守る様子から，北方教育において実践から育まれた理論の質について検討したい。

　まず佐々木昻は，教師の立場から自分は「一語一語が実践に反応して来る」ので安易な発言はできないとし，一方留岡清男の立場を「現場人ならざる位置」として教育実践者とそうでない者（研究者）という立場の違いを明確にしたうえで論じている。彼は教師の立場から，「現場人として処理すべき，指導すべきものは現に生きて飯を喰んでいる子供たちであつて，指導者の身勝手な観念や理論で刃向かうべくもない事実である。」とし，現実生活に取り組む実践とそれに対峙する理論とではどちらに分があるかを指摘し，「つまらない座談会や簡単な書き物」を読んで，それを理論的早合点で反論するのではなく，「出来るならば一度か二度誰かの教室まで来てもらいたい。」と，研究者に自分たちの理論のもとになっている現場に出て，その現実を確認した上での議論を求めている。

　次に生活指導を行なう上でのカリキュラムの問題について言及している。生活指導を生活科あるいは社会科で扱うことについて「うまくゆくとは合点されない」とし，要は「一般的技術的に云ってその時間をどう運転してゆくが協同一般学習として非常に大きな問題である。」として，その方法論に論点を移している。そしてこの結論としては，「…私はやはり，日記なり，綴方なりが，一般的には直接足場をつくつて行った方が，全般的でもあり，効果があると思うし，又その結果も一人一人語り合えるものではないから日記なり綴方なりに表されてゆくとゆう行き方が正しいと思ふ。その点からもやはり教師一般を綴方に動員する必要がある。」としている。生活指導は，生活科や社会科の協同一般学習ではなく，書くという作業と書かれたものを通して行なう方がよいとしている。協同学習で語り合えないものも「書くこと」で表現できるとし，さらに，綴方を利用した教育相談について触れ，生活指導を最終的には教師全体のものとするため，綴方を通した生活指導法をすべての教師に身につけさせる必要があるとしている。

次に，職業指導との関係についても述べている。まず，生活教育について触れ，「客観的に十分必要に迫られていながらも綴方人以外の教師はなかなか本格的に腰を入れることを欲していないのである」と学校現場における教師の姿勢を批判し「せっぱ詰まった職業指導乃至職業紹介の場に臨めば只単に産業の奴隷となるやうな志向を子供たちに叩き込むとゆう段取になるより外道はなくなる」とし，子どもたちの生活指導，生活教育を基盤としないと，職業指導そのものが，子どもたちの労働力を数量的にしか捉えなくなり，結果的に，本来の職業指導の姿をゆがめることになると指摘する。

佐々木は，こうした事態を避けるために求められるものとして「現在生活教育全般として関与すべき問題は甚だ多岐に亘ると思われるが，現場の技術的必要から言えば低学年に於ける合科乃至総合教育の生活性の問題から職業指導或いは職業紹介の名に於て呼ばれている仕事にまで貫かれる指導体系ではないかと考えられる。この体系の中に最近の一切の教育思潮が批判され検討されて位置を得ることはのぞましいしそう祈っている。」と主張している。小学校の「低学年の合科乃至総合教育の生活性の問題を扱う仕事」と「職業指導或いは職業紹介の名に於て呼ばれている仕事」のつながりに言及している。卒業時の学校選択や職業選択の問題は，小学校低学年からのキャリア形成を意図した体系的指導の必要性をうかがわせる記述である。さらに，「その（生活教育の）出発点から卒業期の職業指導，職業紹介まで一貫された体系として産業人たるべき子供の生活が指導され，処理されるべきではないかと考えられる。」に至っては，尋常科6年あるいは高等科を含む小学校の8年間を貫き，発達段階に応じた指導により実現するキャリア発達そのものを意識した表現となっている。北方教育に於いては，本来の職業指導理念は，その指導理念に於いて深く位置づいていたようである。

さらに，個人の幸福を願い「生き方の教育」に従事すべき教師達が，戦時体制に於ける国家主義の台頭の中で，抗すことのできない流れに巻き込まれている現実を冷静に分析し，自分達に残された道を模索している。

産業人に橋渡しする現在の職業指導乃至紹介はさきにも述べたように殆ど教育ではないと思う理由はひたすら産業の奴隷を志向してゐるという点にある。それは出来ない相談であつて向こうの欲するのは個人の志向や人格でなくて単なる労働力であるとしても尚私はその技術指導の外に子供たちにのぞむ限りは子供たちをして産業の一コンマでありながらも，それは奴隷を意味するものではなく，産業を乗切る或は企画する意欲や知性を志向したいのである[5]。

本文の「現在の職業指導乃至紹介」という表現から，本来の職業指導を逸脱した当時の職業指導との理解がここでは確認できる。抗することのできない時流の中で，産業社会に吸収されていく子どもたちの現状の中で，その現状を肯定しながらも子どもたちのよりよい将来への活路をいかに見出だすか，また，「産業を乗切る或は企画する意欲や知性を志向したいのである」からは，そういう態度をいかに身につけさせるかというひたむきな思いが伝わってくる。彼等教師に残された道は，当時の社会情勢からすれば非常に限定的ではあるが，限定された範囲の中で子ども達に主体的進路選択力を付けさせる事であるとの結論に到達するのである。ここには愛とか熱とかでは語れない質の高い考え方が背景として存在している。このような思潮に至った北方教育の教育運動は，国家主義，軍国主義が強まる中，その後どの様に押し進められたのであろうか。その中心的同人である佐々木昂，加藤周四郎の「生き方の教育」の実践を中心に見ていきたい。

## 4．北方教育社の再興

1937（昭和12）年8月14日，成田忠久が北方教育印刷所を引き払うと同時に，北方教育社および北日本国語教育連盟はその拠り所を失ったのである。社は経済的に破綻し，同人たちの身を寄せる場所は秋田から消えたが，成田忠久が身を粉にして蒔いた種は確実に各地で芽をふきだし枝葉をつけていたのである。特に郡部における同人達の活動は活発に続けられていたのである。

特に，由利郡では，佐々木昂が1934（昭和9）年に郡内の前郷小学校に赴任したこともあり，佐々木を中心に同人が集まり「作品研究会」に類似した集まりがもたれた。こちらは月給日の次の日曜日に集まり放談会と名づけられた。北方教育社が存在していた時から，由利郡での同人の活動は北方教育の中でも目を見張るものがあった。由利郡の活動はどちらかといえば教室に沈潜する傾向があり派手ではなかったが，表面化した具体的実践としては1936（昭和11）年1月，郡の教育界を動かして開いた「生活教育研究会」がある。ここでは，北方教育社の同人達が綴方からはみ出た子どもの現実の「生活研究」を志向したのに対し，郡の教育者たちは学力向上のための「教育研究」を考え，その会合は妙な取り合わせになった。由利郡の教室実践については，鈴木正之が保護者会として母の会を作ったことを報告している。急激な社会の変化に対応すべく，教師，子ども，保護者が一体となり教育の推進を図ったのである。教育における外部人材の活用といえる実践でもある。

　私は学級に母の会を作った。毎日のように何人かの母親が教室にいりびたり，学習環境の構成，学習資料の持ち込みが続けられた。教室の四角は棚も床も一ぱいの財産，遂には置き場所がなくなってしまうくらいであった。時代の急傾斜の中で，子どもと親と教師がみんなで教育を保証しあった[6]。

　また，1938（昭和13）年6月に前項で触れたように，「生き方の教育」の見地からも非常に意義深い論文「生活・産業・教育」を書いた佐々木昂は由利郡の放談会で「日本の産業の重工業への編成替えは完全に終わり，その中心は軍需産業になった」と国内の産業動向を分析し，今後社会へ出ていく子どもたちにどのように対応すればよいかへの対策への検討に余念がなかった。
　由利郡の活動程ではないが各地での同人の活発な活動は，自然に北方教育社の再興に動いていくのである。1937（昭和12）年10月17日に旧同人11人の呼び掛けで，北方教育社再興が実現したのである。そして，翌年には，北方教育10周年記念式を開催するほど北方教育社を力量を取り戻していたのである。再興

後の北方教育社の様子を，秋田を訪れた留岡清男は次のように記述している。

　再興した北方教育社は，同人六十人位で，多くは由利郡にかたまつている。活字を通してよりも，寧ろ実際のはたらきかけを通して結合し，向上しようと態度を固く持している[7]。

　この客観的記述には，北方教育が佐々木昂を中心とした由利郡の教師達の手で再興を果たし，その運動の方向性が同人誌等への投稿を中心とした論文活動から，教室実践を中核とし他機関へはたらきかける活動へと変わっていったことを示している。

　「はみ出した部分」の議論や，「生活・産業・教育」における佐々木昂の記述から，生活綴方における教育方法の限界論に対する批判の対抗策として本来の職業指導としての「生き方の教育」の理念を実践を通して模索していったのではないかと考えられる。教育活動を精緻化させることで，北方教育は本来の職業指導のあり方に指導理論を求めていったのではないだろうか。

　職業指導時自体その性格上，関係諸機関との連携は必要不可欠な活動の一つであるが，次項以降に述べる，加藤周四郎，佐々木昂を中心とする北方教育社の関係諸機関との連携は，現在のわれわれには想像もつかない程大きなスケールで展開された。ここに，彼等の子どもの生活および将来の生活統制への願いの強さおよび彼等をして行動せしめた子どもを取り巻く緊迫した社会情勢を読み取る事ができる。

## 5．学校教育の中での加藤周四郎の実践

　これまで，北方教育社の同人，特に佐々木昂の理論を中心に北方教育の進路指導への理論的接近を見てきたが，教育実践としては，加藤周四郎のものが最も北方教育としての特徴を示している。以下，子ども生活現実に常に迫ろうとした加藤の教師としての姿勢について検討を行う。

## (1) 加藤周四郎の若勢体験

　佐々木昂が『北方教育』で盛んにリアリズム綴方教育論を論じていたとき，北方教育社のもう一人の中心的同人加藤周四郎は，雑誌『綴方生活』の1934（昭和9）年11月号に「歩いて来た道の自己批判」なる論文を載せている。ここには，新任の教師として彼の教育実践が書かれている。赴任校である河辺郡上北手小学校の児童の様子は以下のようであった。

　綴方用箋のザラの上になすりつけたであらう太い鉛筆のあとから，ボソボソとたぐられる彼等の家庭生活は，およそ，学習だの，運動だの，思索だの一切の文化的な要素を忘れたかのやうな，はげしい労働の日々であつた。強制減食になれてしまつてゐる子供，欠食さへも無意識になつてゐる子供を知つたことは，僕に「ほんたうの生活を見ろ，それが教育のスタートだ」と教へたやうだ[8]。

　彼は貪るように子供の綴方を読んだが，農家出身でない彼には悲しいかなどうしても彼等の気持ちに入り込むことができず，綴方として書かれた物を共有した上での指導が十分できなかった。そこで彼は「友人の紹介で，ひと夏を，ほんたうの土まみれな生活にとび込んで過ごした。」（32頁）のであった。
　当時，農村には地主に雇われる手間賃労務者がいて，それを若勢（わかぜい）と呼んでいた。彼は，この若勢となり農民の生活に入ったのである。「ここで私は，次の日から何も知らない若勢として，この家族と三食を共にし，奥さんの段取の指示にしたがい，黙々と百姓のつらさを自分の肉体にたたきこもうとした。田の草取，畑の植付け，肥料運び，縄仕事と雑用はひつきりなしにあつた。」[9]と，多くの子どもが生まれ育った農民の生活への理解を深める。1ヵ月ほどした頃，身分が知れてしまい彼のこの試みは終わりとなる。しかし，夏休みのこの体験について彼は，「第二学期，百姓の気持ちなんて，根本的に育ちのちがふ僕になんか，歯の立つやうなうすつぺらなもんではないと云ふし

みじみした自嘲の上に，尚新しくおぼえ込んだ百姓生活のことばと，ことばがもつ陰影らしいものとをにぎって，教壇の上の，僕のことばが強くなったことを，ひたすら喜んだ。」(32頁)と，生活全般を背景とした子ども理解を通し，教師としての自信を深めるのであった。子どもが自分の理解の中に入ってくるのを待つのではなく，こちらから子どもの世界に入っていく姿勢が，北方教育を支えていくのである。ここで，「やはりはじめに生活があったのだ。だがこの『生活のことば』と『ことばの表出』にまで，生活を結んで考へられなかった若さがあった。」(32頁)との加藤はこれまでの姿勢を振り返っている。佐々木昴の「リアリズム綴方教育論」における理論的展開を可能にしたものも，北方教育が育んだ綴方を通した子ども理解があったからこそである。「作品研究会」を通し，理論と実践が相互に作用し，螺旋形に実践が発展を遂げていくのがこの北方教育の特徴なのであるから。

　進路指導の6活動の観点からすると，「啓発的経験」を通した「自己理解」の深まりを確認し，教師としてのキャリア形成を実感したことになる。キャリア形成といった概念が存在しなかった当時はこうした表現は叶わなかったが，体験活動の意義は十分理解したわけで，その後の職業指導における職業実習への傾注を予測させる出来事であった。


## (2) 加藤周四郎の秋田市高等小学校への赴任

　彼はその後，1933（昭和8）年から秋田師範付属明徳小学校の訓導を経て，1936（昭和11）年4月より秋田市高等小学校に転出するのである。この学校は，この年開校となった新設校で，尋常小学校六年を卒業して中等学校や高等女学校に進学しなかった子たち約1,000人を集めた大規模校であった。【資料2】で示したように高等小学校を卒業する生徒は，師範学校等に進学する一部の者を除けばその大多数が職業生活へ移行していく。職業指導の必要性の高い子どもたちであふれた学校に移ったのである。開校は4月からおくれ同年9月となる。付属の訓導として将来を嘱望されていた加藤周四郎のこの学校への転出希望を

知った校長や教頭は，希望を留意するように説得した。しかし，彼は以下の心境で説得を断り，転出するのである。

　私はこの学校の教師になりたかった。家庭に恵まれず，学業成績も下で，すぐ就職して大人の社会にとびこまなければならない高小の生徒たちのため，私は働いてみたいと単純に思いこんだ[10]。

　加藤周四郎は着任早々教務主任に任ぜられ，合わせて補習科の担任をも任されるのである。補習科というのは，2年間の高等小学校を卒業したものの，上級学校に失敗し進学準備をしているものの面倒を見る所である。年齢としては高等小学校3年生にあたる。浪人をかかえ進学指導に専念するクラスである。彼は生徒に「志望学校に合格するもしないも，それは一切君たちの責任だ。入りたかったらそれに価する努力をすればいい，学力と体力の鍛練は君たち五十人の協力でこの半年を送ることだ。私は君たちの相談役に過ぎない。」[11]と宣言した。結果は，2人を残してみな志望校に合格した。こうした進学指導は進路指導の6活動の「移行支援」にあたる。進路実現の観点から考えれば非常に重要な教育活動の一つである。かれはこの指導を，生徒の自主的カリキュラム編成をもとに，問題印刷，採点，答案検討一切を生徒に任せて行なった。もちろん綴方の指導も怠りなく，卒業時に生徒たちは『軌跡』という文集を残して巣立っていった。

(3)　秋田市高等小学校における加藤周四郎の職業指導

　秋田市高等小学校には『夕映』という校報があった。第1号は開校の翌年1937（昭和12）年3月に発行されているが，その14頁に同校職業指導部の書いた「本校の職業指導の実際」という記事があり，秋田市高等小学校の職業指導について説明している。記事の最後には［深浦記］と，記載責任者の名前が出ている。おそらくこの深浦が秋田市高等小学校の職業指導の責任者であったの

であろう。内容的には開校後半年を経たものとなっている。職業実習も行なわれているし，「本指導こそは学校のみの指導ではなく，学校，児童，父兄三者一体となり協力してこそ子供の幸福，国家社会の福利を増進せしめるものと確信するものである。」(19頁) とのごく一般的な記述がなされている。

またこの25頁には，「来年度に於ては，大日本職業指導協会秋田支部が設置され，又本校職業指導費として五百円の予算が市会を通過し，当校としては職業指導の万全を期してその目的を邁進せんとして居る。」と第1章に述べた大日本職業指導協会に関わる記述がある[12]。これは1938（昭和13）年10月，秋田記念会館に開催された東北地方職業指導協議大会のことを指し，大日本職業指導協会の第10回職業指導協議大会に相当する。大会の宣言には「…吾人茲ニ鑑ミル所アリ東北地方ノ特殊性ニ立脚シ労務ノ合理的調整ヲ図リ教育ト産業トノ一元的発達ニカメ一般国民就中次代国民タル青少年ヲシテ職業分担ノ国家的重大性ヲ自覚セシメ以テ国家永遠ノ福祉ニ貢献センコトヲ期ス」[13]とあり，時局応じた労務調整の場所として東北地方を位置づけ，教育と産業との一元的発達として職業指導を位置付けている。こうして，秋田市においても職業指導の全国大会が開催されるように，この時期の職業指導の量的拡大は急激であった。一方，本来の個性尊重の精神から非常時への労務動員的性格の移行期であり，質的な変化が進行している時期でもあった。そのため，本来の個性尊重の職業指導と，大会宣言のように国策的職業指導が混在していたが，いずれにせよ，教育活動において職業指導と名のつく教育活動に世の中が注目した時期であった。

1937（昭和12）年3月に卒業生を出した加藤周四郎は，この年の4月から職業指導を担当するようになる。翌年の『夕映』第2号に掲載されている職業指導部の報告にも第1号と同じく［深浦記］となっているので，昨年同様，同校の職業指導の責任者は深浦であり，加藤周四郎は担当者的立場であったのかもしれない。

『夕映』の記事とは別に，この年の，秋田市高等小学校の職業指導体制について詳しくは『秋田市の教育』所蔵の「小学校　三，職業教育」に掲載されて

## 5．学校教育の中での加藤周四郎の実践

いる。これは秋田市初等教育研究会が出版したもので加藤周四郎もそのメンバーに加わり，秋田市高等小学校の職業指導概況を担当した。この「二．職業指導の内容」の一部分をあげる。

　職業指導の内容として第一に挙ぐ可きものは，職業的陶冶としての正しき職業意識の啓培である。之が職業指導の根本であって，真の職業意識の体認は単に職業に関する知識の獲得に止らず，一歩進めて職業的技能の修得，勤労愛好，堅忍不抜の精神，職業道徳の養成にまで及ばねばならぬと信ずる。第二は児童をその最も適する方面，最もその力量を発揮し得る方面に向かわしめること，即ち選職指導及び進学指導である。斯くの如き準備によりて次に来るものは就職指導で，これが第三の内容であるが，しかし，職業指導は決してこゝで終局を告げたのではなくて，児童が将来成功し得る見込みの立つまで何等かの方法で教育し訓練し補導をなすことが必要である。即ち内容の第四として就職後の補導を挙げる所以である。かくして職業意識の啓培は選職指導，進学指導並に卒業後の補導と一聯の連鎖をなして職業指導全体を形作るのである[14]。

　第1章で紹介した種々の職業指導書が発刊され，大日本職業指導協会の雑誌『職業指導』も毎月発行され，職業指導の理論や方法に触れる機会は多分にあったと思われる。この職業指導の説明も適確なものである。加藤周四郎は職業指導を十分理解していることがよくわかる部分である。進路指導の6活動に照らすと，第一に当たる部分は，進路情報に触れながら「自己理解」を果たして行く過程を示し，啓発的な体験や相談活動も含む中での能力や態度の育成まで含むと考えられる。この過程で職業意識の啓培や勤労観，職業観の育成等が進行するのである。第二および第三に当たる部分は，直接の職業選択の指導や進学指導を指し，「移行支援」にあたるであろう。第四は6番目の活動である「追指導」にあたる。ここには秋田市高等小学校職業指導体系があげられている【資料4】。この職業指導体系はかなり細かいところまで任務が細分化され徹底した指導ができるようになっているが，当時はこうした職業指導体系を示

すのは一般的であった[15]。

次に「四.児童の職業研究」の項目のところで「職業指導科や其他の教科による職業知識の啓培の緊要なることはもちろんであるが，受動的に知識を得るのみならず，自発的に児童自身で職業を研究することは，職業眼を深刻にし，社会の有機的機構を認知することになる。本校に於いては長期休暇の課題として二年の児童（進学志望のものを除く）に『職業の研究』を課している。」とし，「毎日の仕事はどんなことか」「将来の見込みはあるか」「（私が就職したら）どんな仕事から始めるか」等の質問を「書くこと」でこたえ，綴方をとおした職業理解を試みている。個性尊重という本来の職業指導を推進するために，「自己理解」の方策として綴方を使用した。職業指導は広範囲に実施されていた時代であるが，多くは方法論的な部分の普及であった。それに対し，教育方法としての綴方がその理念と本来の職業指導との邂逅がここに実現し，「生き方の教育」の成立を見るといった点では，職業指導の普及によって北方教育の運動としての質の高まりがあったと同時に，方法論において職業指導の進展をささえる機能を北方教育は果たすのである。

(4) 島木健作による秋田市高等小学校職業指導のルポルタージュ

こうした教育実践で重要なのは第三者の客観的視点である。秋田市高等小学校の職業指導の実践はルポルタージュという形で作家の島木健作が実際にこの学校を訪れ，職業指導を中心に作品「今日の学校」（『随筆と小品』［河出書房1947（昭和22）年12月発行］を執筆している。まず，職場実習について見てみよう。

今この学校では男生百三十二名，女生十七名が，夏休み中の職業実習生として秋田の工場や商店に出てゐる。もらった刷りものによって調べてみると，男子は雑貨店へ九人，荒物屋へ十六人，…（中略）…鉄鋼所へ三十二人，鋳物工場へ二人，といふ内訳である。女子十七名はすべて家政見習として普通の家庭に

入ってゐる。…(中略)…私は秋田の市中を歩いてゐて，小学校帽をかぶつて，腕に赤いきれを巻いて，自転車に荷物をつけて走り回つてゐる子供によく出会ったが，それはみなこの職業実習生だつた[16]。

　戦前の職場実習についての描写であるが，当時，小学校において職場実習は珍しいものではなかった[17]。秋田高等小学校においても，卒業後就職する子どもたちのための「移行支援」として職場実習が具体的に上記のような形で行なわれていた。ただし，実施の背景となる実践理念について独特のものがここにはあった。後の「(5) 秋田市高等小学校の職場実習」にて触れる。さらに，島木健作は加藤周四郎の事をK君と呼び彼の行動および職業指導観を次のように描写している。

　友人のK君などはこの夏の東京方面への旅行に於て，諸種の大工場を見せてもらふことを重要なプログラムの一つとしてゐる。秋田市高等小学校の如きは，職業指導について立派に一つの見解を持ち，方針書を作製してゐる。その中には次のやうな言葉がある。
　『学校教育の領域としての職業指導とは何か。そは社会事業的な失業救済を意味するものにあらざることはもちろん，又実業学校に於ける所謂職業指導とは趣を異にし，特殊的専門的な職業に対する準備をなすものではない。将来従事せんとする職業の如何にかかはらず，公民として職業人として等しく理解し通暁すべき職業一般に関する基礎的陶冶をなすに外ならぬのである。決して技術を主とする職業教育ではない。(中略) 即ち普通教育内容の実際化であり，職業化であり，生活化であるからかかる立場に立つての職業指導は普通教育を行ふに過ぎない。只従来の教育に新しき努力点を定めた一つの意味づけである。かかる内容を持つた普通教育が徹底すれば，その時こそ職業指導の旗印が撤去されるべきであり，又撤去さるべきを念願するものである。』『故に本校の職業指導は，只卒業時に際して一時的に行ふ選職指導や就職指導では決してない。職業指導が教育全体の中に織り込まれ，其指導精神が全教育の中に漲つてゐる

ものである。』

　かかる自信に満ちた言葉が，小学教師の体験に基づく真摯な討究の結果であるといふことは立派ではないか[18]。

　加藤周四郎の「普通教育内容の実際化であり，職業化であり，生活化である」は，教育方法としての生活綴方と職業指導の融合を図ったものであり，進路指導，キャリア教育の本質とも言える性格を伝える有効なフレーズである。「従来の教育に新しき努力点を定めた一つの意味づけ」とした職業指導の表現は，「キャリア教育は，…変化する社会と学校教育との関係性を特に意識しつつ，学校教育を構成していくための理念と方向性を示すものである。」[19]の表現同様，学校教育を改革する意味づけにおいて共通するものを感じる。「職業指導が教育全体の中に織り込まれ，其指導精神が全教育の中に漲ってゐる」は，「キャリア教育はそれぞれの学校段階で行っている教科・科目等の教育活動全体を通じて取り組むものであり」[20]との共通性が確認でき，時代背景，国家体制，産業構造の違いは大きいが，双方とも機能概念に言及しているのである。

## (5) 秋田市高等小学校の職場実習

　島木健作による秋田市高等小学校の職場実習の描写を紹介した。現在よりも身近に職業に接する機会の多かった当時の子どもたちでさえここに記された職業実習を行なっていたのである。在学時代に職業的体験を行ない，職業的陶冶を積む事の必要性は今も昔も変わらない。

　秋田市高等小学校の職場実習の方法等詳細が，既出の秋田市高等小学校の校報『夕映』第1号に以下のように記されている。

　戦後も勤務体験学習の推進など幾度か職業的体験の機運が盛り上ったが実効的な活動には至らなかった。しかし，キャリア教育の登場を契機に2005年（平成13年）に文部科学省はキャリア教育実践プロジェクト（通称キャリア・スタート・ウィーク）を開始し，5日以上の職場体験を求めるに至った。同プロジェ

クトは4年で終了したが，2011年現在，全国の中学校の96.9%が職場体験を実施しており，17.2%が5日以上の職場体験を行っている。時代背景や事業所規模，受け入れ態勢など比較にならないが，子どものキャリア形成を意図するその方策において示唆を得るところは多い。次に，現在の職場体験に於いてもその重要性が強調されている事前，事後指導についても既に入念に行なわれていたことを示す島木のルポルタージュの部分を挙げる。

　学校教育が実社会と没交渉であった事は，過去に於ける弊害の大なるものゝ一つであつた，本校卒業生の如く，殆んど半数以上が実業戦線に立つことに於いては，実社会と接触する方法を講ずる事は最大急務である。
　職業実習はこの意味において重要な使命をもつもので，一面には職業に対する知識，理解の啓培，他面には実務によつて得られる職業人としての精神陶冶に重点を置き又幾分でも選職上の便宜なるものと確信するものである。
　是が実施は夏冬休暇を利用して市内商店，工場等に依頼して，高二男希望者を実習せしむ，謝礼は前記の目的より見て，一般に受けざる事を本体とするも，実習先の芳志を汲み一人に付き五十銭を学校に寄付を願ひ，実習終了後実習生発表慰労会を開催せり。
　但し全部通勤を本体とし昼食は夏季は持参せしめたが冬季は実習先の申出に依り支給して戴き，勤務時間は実習先の都合により適宜定めた。
　次に実習方法を簡単に記して見ると。
　一，準備　1，計画　2，希望児童申込受理　3，実習先開拓（依頼）－職業紹介所，商工会議所の後援　4，児童配当決定　5，壮行会
　二，実習－校長，職員実習先訪問
　三，実習後　1，実習先への礼状発送　2，児童日誌提出　3，実習先より観察記入票受理　4，実習先座談会　5，実習生発表慰労会　6，実習終了証書授与[21)]

　この後に実習生の実数等が記載されている。これによると，夏季商業実習

(8月1日～8月15日)では実習先44件で実習生が88名,また冬季商工業実習(12月22日～12月31日)では実習先71件で実習生が129名となっている。同じ所に掲載されている希望職業・学校調査によると,高二(高等小学校2年-筆者注)男子の就職希望者は146名ということなので,職業実習は希望制とはいえ,大部分の就職希望者が参加し,中には夏,冬2回参加した生徒もいることになる。半数の生徒が就職することに対する支援は,進路指導の6活動の5番目の活動における「移行支援」にあたる。また,「職業に対する知識,理解の啓培」は進路情報理解に当たり,「実務によって得られる職業人としての精神陶冶」は,「啓発的経験」としての職場実習による「自己理解」を通した勤労観,職業観の育成として位置づけられる。職業実習の実践とその理論的背景の説明は,現在の「啓発的経験」の観点から読み解いても齟齬は少ないといえる。

## 6. 授業系統案から見る「生き方の教育」

「綴方科」は教科書こそなかったが,国語科の一領域である教科であった。つまり,指導案の作成を必要としていた。指導にあたって綴方科は,専門が国語科以外の教師による場合も多かったようである。当時は指導案のことを系統案といったのであるが,北方教育の同人たちの現在残されている系統案および綴方指導書等を参考に,「生き方の教育」が綴方科を通してどのような形で系統的に行なわれていたかを見てみたい。以下の系統案は活字として出版されたものでなく,現物(ガリ版刷りで印刷されたもの)に依拠しているため,頁数などの表記はできない。

(1) 鈴木正之『綴方学習指導目標』[1936(昭和11)年4月]

本書の「1綴方指導面」の中の「2「綴る契機」の自覚・確把」に次のような記載がある。

わが肉体と，わが肉体をめぐる事象・事実の距離は，単なる時空的距離ではない。生きてゐる・生き抜くおれが，生き行くため，生き抜くため，絶えずはたらきかけてゐる事象・事実である。この「はたらきかけ」が「綴る契機」である。「綴る契機」の指導は，さうすると綴る前の指導である。従来は「着想」とか「取材」とか謂はれて来た。だが，子どもの綴る契機を如何にして意義あらしめるかを思ふ時，従来の指導系列に不安がある。

単なる生活の截断的記録でなくして発見的・計画的な生活強力への拍車として「綴る契機」を捕らえさせなければならぬと思ふ。綴る契機は生活前進の契機であることを自覚させたいと思ふ。

断片的叙述ではあるが，「綴る契機」の指導の重要性を説いている。綴ることをどのように動機づけるか，綴らせる前の指導の重要性に触れている。綴ろうとする気持ちが生活意欲を生み出すとの「書くこと」による生活意欲の創造という綴方教育の理念を示している。こうした理念をもつ綴方科が綴る契機を生むためにどのような系統的な学習を展開したのであろうか。

既に触れたリアリズム綴方教育論との齟齬はなく，北方教育同人たちの一貫した授業に対する姿勢が見てとれる。

## (2) 佐藤孝(幸)之助『綴方の勉強姿勢とリアリズム』〔1936（昭和11）年5月〕

上記の鈴木正之の著書より1か月後に発行されたもの。この著書に〈生活勉強と綴方系統案〉との箇所があり，尋常一年から高等二年までの系統案が記載されている。それによると次のような生活研究の中心に配当時間を使用し綴方を進めていくようにかかれている。尋常科1年から，高等科2年までの8年間を，10の生活研究に分け，題材を設定している。紙面の都合上生活研究の部分のみ掲載する。

1　生活発表会，おも白いこと，研究題材紹介，生活の反省の上手，ウソとホント
2　題のある所研究，自然観察，野外小集，同一題の文研究，作者にきく
3　なぜかいたのか，文からきいた事，どんな心か作者におしへる会，みんなの反省
4　平凡とねうち，生活観察，文から何を学ぶ，考えのよいわるい，学級生活反省
5　村の子供の眼，調べ方研究，協働生活研究，私の生きる所，反省するわけ
6　深い生活反省，生活批判共感，くらし方の勉強，農民技術研究，郷土学校研究，自然の理法
7　綴方用意のこと，農村生活，座談，生活改良，反省と前進と生活を生きぬく力，素直，謙虚，勇敢
8　厳しい自己反省，生活の底をみよ，ウソと真実，生活からの問題，生活勉強の意味
9　生活態度について，生活境遇の吟味，主観と客観，生活方法とは，生活的な解釈
10　正しい生活の姿，生活前進と反省，現実と真実，生活法則の研究，文と生活価値，生活実践へ，社会的生活方法，協働社会日本へ

　以上のように北方教育同人佐藤孝之助は子どもの発達に合わせた10段階の発達課題を示したともいえる。それぞれの課題に対し，「生活探求のために」「表現技術のために」「文の研究」の項目を設け，発達段階にふさわしい題材設定や綴方指導を行ない，課題の解決を狙っている。これを8年間で行なうのである。
　こういった佐藤の子どもの成長に合わせた綴方科の課題設定の考え方は，発達課題の視点につながるものである。それぞれの対象となる項目で示された生活研究の課題は，個人的，社会的発達，学習上の発達そして職業的な発達を総

合的にカバーしようとしている。これらを綴ることにより生活前進の契機を捉えると考えると，こうした綴り方に取り組むことが，キャリア発達を促進する学習と繋がると捉えることができる。特に「書くこと」によって，生活を理解し，自分の生き方に対する考えを整理，統合する方法は，現代の進路指導，キャリア教育の展開に有用な知見を与える。

### (3) 加藤周四郎『綴方系統案』〔1938（昭和13）年〕

　加藤周四郎の秋田市高等小学校での職業指導については，客観的な記述も含め概観した。実際の系統案は，子どもの手によって鉛筆でしっかりと書かれている。子どもが指導案を「書くこと」は現在ではあまり考えられない事である。これは，加藤周四郎自体の学級経営方針が自主性を重視したことと，加藤自体が，教務主任として仕事に追われていたことが理由にあったようである。この系統案は秋田市高等小学校高一女組のもので，1938（昭和13）年の4月～12月の9か月分の不完全な物であるが，各時間の展開について詳しいのでその一部をあげておく。4月の第1・2週の部分であるが，まず各項目の内容について列挙する。[ 　 ]内が項目の題。

　　[教材]
　　1．生活調査
　　2．課題「家と私」
　　　1時　(イ)　目標と方法の指示説明　　(ロ)　参考文についての文話
　　　2時　(イ)　創作　　　　　　　　　　(ロ)　原稿紙を考えて家庭創作に
　　[主眼]
　　目標
　　　子供の生活環境と意識内容を報告させ，観察研究する。
　　方法
　　　1　私の家の場所図，人

2　私の家の人々　　面白い性格　仕事の役割
3　家のくらし　　　経済状態
4　私の学業成績　　尋六の成績を中心としてその下学年の系統的消長を示させる。
5　私の身体情況　　病歴，健康状態
6　私の求意　　　　どんな生活態度を持つか。

［連絡］
考査簿記入，職業指導部，学級経営の基礎調査は家庭訪問，統計，簿記
［其他］
参考文　加藤周四郎編　「家と私」特輯　男子ノ部　女子ノ部
聞き得る程度　話しとる態度，目的をはっきりして家庭の了解を求める。

　これらの内容に対する配当時間は2時間である。4月の第1週と第2週に1時間ずつ時間設定をしている。3月に尋常小学校を卒業し，また2年後には大部分が仕事につく高等科1年にふさわしい生活環境理解の計画である。自己及び自分の生活環境を見つめ自己理解を深めることで，尋常小学校から高等小学校への移行及び2年後多くの子どもが経験する実社会への移行を円滑に行なうことを意図したものと言える。連絡の項目には職業指導部との連絡が記載されている。綴方科が職業指導部と連携している事実を示す部分である。家庭の状況を，聞き得る程度，話しとる態度，目的をはっきりして家庭の了解を求める等，コミュニケーション能力を育成しながら綴る契機を生み出そうとしている。2時間分の指導案であるが，職業指導部との連携等，他分掌との組織的な連携を盛り込んだ系統案として，加藤周四郎をはじめとする北方教育のもつ，「生き方の教育」としての組織的・系統的な教育活動をこれらの系統案は表現していると捉えることができる。
　以上北方教育の同人達の残した系統案を見てきた。どれも個性的ではあるが，子ども達の発達段階に応じ，計画的，系統的に綴方の授業が組み立てられていることがわかる。そして何よりも重要な事は，彼等の指導の重点が，子ども達

に自分の生活環境を見つめさせ，それをいかに「書くこと」の表現活動を生活意欲につなげていくかに置かれていることである。現在の進路学習においては，教材や系統的計画例は豊富であるが，一番重要な子ども達に思ったこと，考えていることをいかに表現させるかという理論および方法が十分であるとはいえない。現在の進路学習に大きく貢献する材料を提供するものである。さらに，先にあげた「リアリズム綴方教育論」が，これら系統案に示された数多くの実践の裏付けとなっており，北方教育における理論と実践の融合がここに実現している。

## 7．作文をとおした相談活動

　本項の標題に関わり，既に紹介した佐々木昂の「指導の特殊性」の一文を再掲する。

　作者の意図のうちに必ず公開すべきものといふことを含まないものがある。意外に子どもの生活のうちにも秘密はあるものであるがそれを先生にだけ打ち明けて救いを求める心は実に可憐である。
　その時は先生と生徒と2人だけになって問題を考えるべきであって公開したり印刷したりすることは綴り方の真精神では全くないので二次的な仕事なのである[22]。

　これは綴方を通じ「子どもの諸問題」を引き出し，教育相談（先生と生徒と2人だけになって問題を考える）に繋げることをいっていると考えてよいであろう。まずここで進路指導の6活動における相談活動は，「自己理解」を「進路情報の理解」を通じて促進する方策としての，「啓発的経験」と「進路相談」の相談活動にあたることを確認し北方教育における相談活動を検討する。
　北方教育では，このように綴方に表出してきた「子どもの諸問題」を，「作品研究会」にもち込み，北方教育同人たちの討議を経て作品処理をしていった

のである。「作品研究会」の場では「子どもの諸問題」について話し合いが行なわれ，それを担当者が現場にもち帰り，実践を行ない，最終的には「作品処理は生活処理」という「リアリズム綴方教育論」に到達するのである。それに伴い「子どもの諸問題」の中身は，当初の綴方上の文芸的問題から，日常の生活上の問題に移行していくのである。こうして「子どもの諸問題」を投げかけた作品として，先にあげた「きてき」や「職業」等が生まれてくるのである。本論で取り上げたのはこの二作品だけであるが，その生活を表現する能力の高さはだれもが認めるところのものである。この二作品は，「書くこと」の指導を通し，ここまでの綴方による生活表現が可能になるという証しでもある。

今，「小一プログラム」や「中一ギャップ」等学校不適応という大きな問題をかかえている教育において重要なのは，いかに，子どもをして自分の生活を表現させるかではないだろうか。現在の多様化，情報化社会の中でさまざまなものを見失っている子どもたちは，ややもすると自分自身さえも見失っていることが多いのである。そこで，じっくりと生活を見据え表現することにより，自分の考えを整理・統合することができるのである。その過程で自分を取り巻くさまざまな問題や悩みに気がつき，それを表現するようになるのである。書かれたものが，生徒が自分の言葉で生活を見つめ自己表現したものであれば，それを読むことにより教師もさまざまな指導が可能になり，「子どもの諸問題」への支援ができるのではないだろうか。書かれたものの利点でもあるが，言葉遣い，文章はその場で消失することはなく，それらひとつひとつからゆっくり生徒の気持ちを汲みとることできるからである。加藤周四郎は表現意欲について以下のように聞き取りで語っている。

　わたしから言わせると，その，日常の生活周辺から受けた刺激がね，腹の底に全部溜まっているんだ。朝起きてから晩，寝るまでの日常些細の生活周辺の出来事というものはすべて五感を通して子供達の腹の底に溜まっているんだ。その溜まっているものを，この，刺激してずうっとその経験の層を押しあげてね，貫いて出てきたものが表現なんだ。その表現は顔色でも出るし，目付きで

も出るし，体の動かし方にも出るし，皮膚の張りにも出てくるし，勿論，言葉にも出るし，文字にも出るんだと。そのあらゆる人間の全的な表現器官を通して解放する。少なくとも学校や学級ではオープンに解放する。これが表現科としての綴方科である。幸いに，当時文部省の決めたカリキュラムは綴方科は何にも規制がない。教科書がないから。だから，綴方科という時間は私にとっては大変大事な科になってきたわけだ。そこに拠点をおいた[23]。

　聞き取りの時期の加藤にとっての「書くこと」への省察であるが，北方教育全体をつらぬいている「書くこと」という表現活動を原理的に示した貴重な聞きとり内容である。こうした表現意欲をつけることは教師側にとっても子ども理解の上で大きなメリットがある。これは相談活動（カウンセリング）における問題発見の一方策ともいえるからである。北方教育はこの実践例を学校不適応という大問題を抱えたわれわれに遺産として残しているのである＊。進路指導（ガイダンス）の6活動のひとつに「④進路相談（カウンセリング）」があり，カウンセリングはガイダンスに包括されるといったわが国のガイダンスとしての進路指導の在り方からすると，「書くこと」により子どもの腹の中に溜まっているものを表出させることは，ガイダンスとしての進路指導の機能を効果的に展開する方法と位置付けることができる。
　さらに，教師のカウンセリング・マインドについて加藤は聞き取りで高校教師の集まりでの様子を以下のように語っている。

　＊生活綴方におけるカウンセリングの機能について，戸田金一は次のように分析している。「生活綴方によって生活の苦悩を表現（自由に発言）してしまうことは，カウンセリング理論におけるカタルシスの機能を果たし，解放された子ども達の精神は活発に活動し始める（洞察の機能）。」（戸田金一「北方教育研究ノート―加藤周四郎における思想と実践―」『秋田県教育史研究』1978年，13頁）

　先だっての高校の先生方の集まりで，「深刻な問題があって，相談を受けた

場合，われわれには教師の限界があり相談にはのれまい。そういうことはないんですか。」という質問があった。解決の方法がわからないことなんか教師にはたくさんある。そういう時は「困ったなあ。」と言って一緒に泣いたらいい。生徒と一緒に泣ける様な教師は絶対的に人間的なつながりがもてるんだ。生徒とね。どういう生徒であってもね。おれはそう思う。「どうしたらいいかなあ。先生もわからねえものなあ。困ったなあ。おめの家もそういう事情であったのか。」とそう言って泣いてみろっていうんだ，おれは。「世の中，あんた，泣くことばかりだ。」って俺は言う。人間の真実を言うならね，もうどうしたらいいかわからないようなことばかり世の中にはある[24]。

　「人間の真実を言うならね，もうどうしたらいいかわからないようなことばかり世の中にはある」は誰もが生き方の上では問題に直面している現実を伝えている。質的な違いは存在するが時代が変わってもこの現実は学校における児童生徒にも降りかかってきている。生き方の選択そのものが大きな問題であり，こうした問題に取り組むために本来の進路指導，キャリア教育が機能することが期待されている。
　上記2つのコメントは，北方教育に加藤が身を投じてから60年が経った時期になされたものである。表現や生き方に触れた記述であるが時が経っても変わらない児童生徒の生活現実に対する教師のアプローチの本質を捉えた発言として貴重なものである。

## 8．北方教育十周年記念会

　1938（昭和13）年8月，北方教育は再興した。そして，それから10ヵ月後北方教育十周年記念会が，秋田県立図書館楼上で開かれた。参加者43名であった。創立当時から比べ国内の状況は北方教育社にとってますます厳しい状況になっていた。『北方教育』や『北方文選』の終刊，北方教育社印刷所の閉鎖，創立者成田忠久の離秋と北方教育そのものの活動もこの十年を振り返っても決して

順風満帆ではなかった。行く手にはこれまで以上の困難が待ち受けていることを薄々同人たちは感じていたであろう。こういう状況の中で，佐々木昂が「北方教育十年史」を語り，加藤周四郎が次の宣言を発表した。この宣言は，加藤周四郎が原稿を書き，その内容につき同人の了承を得てここに発表するに至ったのである。

　われわれは昭和4年以来常に窮乏した経済と戦いつつ「方法上の観念的な概論や空説を捨てて具象的な現実の中に正路を開拓することを使命とする」旗の下に，一意教壇実践を守り通して来たつもりである。／今やわれわれの祖国は未曾有の転換期にあり，人的物的資源の充実強化は緊急の要請となりつつある。／したがって次の世代を生きる小国民教育の仕事に於ては児童の生活と乖離した教師の独善的世界観の解消を余儀なくしつつある現実をば身を以て知らねばならないと思ふ。即ちわれわれが過去十年間実践しつつある地域性に立つ集団的科学的な教育実践が，この客観情勢に即応する唯一の生活教育たることを信じる。／日本教育の軌道は今や国策の線に設定された。大陸の第一線に立つ皇軍の武威に深厚の感謝を捧げると共に，われわれ北方教育同人は，ここに銃後生活教育の大道を前進するものである。（／は改行を示す）[25]

　この宣言には抗しがたい軍国主義への傾注に対し北方教育社がいかにして教育活動を展開し続けるかの工夫と恭順があるように思える。工夫は，非常時ゆえに人的物的資源の充実強化が求められていることを根拠に，北方教育を教師の目を社会に開く「地域性に立つ集団的科学的な教育実践」と位置づけ，その必要性を強調しているところである。これは，北方教育社が並行して展開している職業指導の拡大に資する意見表明である。一方，「日本教育の軌道は今や国策の線に設定された。大陸の第一線に立つ皇軍の武威に深厚の感謝を捧げる」と付し，国策への恭順を示し，運動の自己保全を志向している。
　こうした北方教育の処世への工夫は，鈴木正之の次の言葉が裏付けとなる。

私たちは国内のファッショ化の急傾斜にオドオドするより外なかった。現場での仕事も「生活教育」と口にすることをはばからねばならぬ雰囲気になっていた。しかし，佐々木昴たちは，国策に沿うという立場で私たちの教育は進めていけるという見解を持していた[26]。

　この「国策に沿うという立場で私たちの教育は進めていける」という考えは，北方教育において特徴的なものである。かれらは国家主義に傾斜する日本の動向をよく見ていた。いや，「どの程度の範囲内での教育実践ならば国策から外れないか（外れないと客観的に判断されるか）」という教育実践上の状況判断の必要性があったからである。こういった彼等の態度は，あくまでも北方教育は実践が主体であり，実践の場が失われ，実践を制約されてはかれらの教育運動の存在意義は消失することを自覚していたからである。いかに実践の場を確保することがかれらの運動の基本原理だったのではないだろうか。

## 9．産業組合と北方教育

### (1)　佐々木昴の「村落更生に態度する」

　雑誌『生活学校』に佐々木昴が「村落更生に態度する」の論文を書いたのは，1936（昭和11）年の12月号である。先にも触れたが2回の凶作による東北地方の経済不況，また，戦時体制による第一次産業から重工業を中心とする第二次産業への移行，さらに，それらによってもたらされた偏在した労働力の供給など，客観的情勢は予断を許さなかったのである。この論文は，窮迫した農村経済を地域の運動を通しいかに立て直すかの実践を書いたものである。佐々木昴らしい観察力で農民生活を描写し，統計的数値をあげその実態を伝え，改善のための対策として，部落単位で支部組織を作りその中で共同での研修や作業を行ない，農村の地域的な生活の向上を目指すことを訴えた。さらに，教師としてどのように態度するかを書いている。この論文は第一回生活学校賞を受賞し

ている。この中の一文をとりあげる。疲弊した農村の生活を向上させるにはその地域にある小学校もその一翼を担うべきだと主張している。

　私たちにとって小学校が精力的な中心であることは論を待つまでもないし，形式的な仕事の方面からのみ云ふならば勿論この意見に不賛成ではない。この場合最も恐ろしいのは学校を地域の機能の一つとして位置せしめず「小学校は小学校」といふ身勝手な，切り離されたものにして独尊的な指導精神を持つ態度と古い思想である[27]。

　学校を地域の機能に包含する考え方は，地域資源を学校教育に活用するとの考え方の一段上をいくものである。子どもや教師を含む学校自身が地域資源との高い意識レベルにおいて，地域と共に生きる学校，地域に開放された学校という意識が佐々木昂の中にあったのであろう。キャリア教育における community-based に類する発想がここにあり，職業指導を展開する上で不可欠の学校の閉鎖性の打破を指摘している[28]。優れた教育実践と，それを生む「作品研究会」での討議は現在の教育思潮の形成につながる重要な示唆を提供している。

### (2) 産業組合との接近

　佐々木昂の論文に代表されるように，子どもたちの生活台である村落の経済機能を小学に活用することで立て直そうという北方教育と，秋田県の農業の立て直しを図る産業組合との運動の方向性が合致していたこともあり，北方教育社と産業組合秋田支部の産業組合青年連盟は急速に接近するのである。
　この時点で北方教育では子どもの生活教育の対象を次のように分類していた。この分類は佐々木昂が「秋田の北方教育」[『教育』1939（昭和14）年10月]に書いたものを，加藤周四郎が再度取り上げている。「私たちは，生産と労働を中心にすえた生活教育に，㈠農山漁村にとどまる者，㈡重工業に吸収される者，

㈢進学する者，㈣青少年義勇軍に応ずる者，㈤小商工業者として就職する者の，生活処理を指導しなければならない。」[29]とし，子どもの進路先に合わせた生産と労働を中心に据えた生活教育が求められるとしている。これは，進路指導の「移行支援」の考え方である。今一度，「作品処理は生活処理」を確認する。作品処理とは教師が児童，生徒の作品指導を行なうことであり，生活処理とは児童，生徒が自らの生活に対処していくことであった。佐々木昂の文中の「生活処理を指導しなければならない」ということは，生活に対処することにより，これからの新たな進路に対する態度を養わせるということになる。つまり，「生活処理」とは「生き方」の指導を通し，子どもが各自の進路を歩むことができる育成につながると言い替えることが可能なのではないだろうか。

　しかし，そのためには子ども達の対処する生活およびその後の進路が希望に満ちたものでなくてはならない。しかし，冷害で疲弊し，不況に喘ぐかれらの生活台からはそのようなものは到底期待はできなかった。そこで，北方教育は，子ども達の生活およびこれから歩む進路自体の整備に乗り出すのである。「追指導」という活動は新たな進路に移った場合の適応指導である。指導の対象は，卒業者本人であることが多いが，この場合，卒業者に適応した形に進路先を変革するといった発想であり，これまでは語られなかった「追指導」のあり方でもある。

　アプローチは産業組合の方からかかった。声をかけたのは，産業組合秋田県支会の産業組合青年連盟の指導にあたっている木村忠司からであった。農業の立て直しがメインテーマであったが，その時点では農事実行組合も動きが取れなくなっており，自力更生は不可能になっていた。これを見るに見兼ねて県産業連合会がテコ入れに入ったのである。まずは青年部の強化ということで，北方教育社に声がかかったのである。既に述べたように産業組合と北方教育社とは農業経済を立て直す事で方向が一致していたので話はトントン拍子に進み，事業提携を行なうのである。ここに北方教育の同人たちは，産業組合と協力し，子ども達の生活台でありまた進路先でもある農村の立て直しに着手するのである。

## 9．産業組合と北方教育

### ㋐ 産業組合との提携座談会

　北方教育と産業組合との最初の会合として，1939（昭和14）年1月15日に「児童作品を中心とする農村生活と産業組合を語る座談会」がもたれた。これには組合側から6人，北方教育からは同人等20人が参加し「本当に村の先生になるにはどうするか。」とのテーマですすめられ，教師の農村の生活理解の役目を果たした。

### ㋑ 秋田県産業組合綴方の懸賞募集

　1936（昭和11）年より，産業組合の精神がどの程度浸透し，経済更生が子どもたちの生活に影響を与えているか綴方を通して知ろうとし，「産業組合綴方全県下懸賞募集」を実施した。しかし，時代の影響は予想外に子どもたちに浸透し，非常時を反映する綴方が多く，企画者の失望観も大きかったようである。

### ㋒ 産業組合講習会

　産業組合講習会においても，上とおなじ年に企画され，農村経済更生の地域活動家として活躍することを期待された北方教育社同人や全県下から選出された現場の教師が，講習に参加し研鑽を積んだ。年内に5回，いずれも秋田市高等小学校を会場に講習会がひらかれた。

### ㋓ 東北農業研究所の設立

　1939（昭和14）年12月に，設立準備会が発足し，翌年1月17日に設立総会が開催されるのである。「この研究所は，労働力低下の農作業の共同化，当時としては画期的な機械力動入（ママ），を研究対象として，東北農業の生産性向上をはかろうという大きな意図を持ったものであった。」[30]とあり，設立に同人，加藤周四郎，佐々木昂らが参画している。この参画について佐々木昂は「今日もはや，人的資源といふ一つの面からばかりでも農業問題を重工業の段階から，又重工業の問題を農業再編成から切り離して考へることは出来なくなった。しかもこの問題の重要性は一方的犠牲に於ては絶対に解決し得ないこ

とにある。その意味で，今私どもは『東北農業研究所』（仮称）の設立に参画したのである。」[31]と，自らの行動が差し迫った時代要請であると分析している。このような運動の方向を北方教育社が選んだ事に対して，同人鈴木正之は「綴方からはみ出して，生活教育へ志向していた『北方教育』同人は，地域の教育文化活動を，せめてもの良心の灯として持続するために，このように産業組合と結びついたわけである。」[32]としている。しかし，時局の中，この研究所の活動も十分な役割を果たさず終わるのである。両者の提携は，その過程においても必ずしも順調にはいっていなかったようであるが，北方教育の側の姿勢には相当真剣なものがあったことは，次の加藤周四郎の一文に示されている。

綴方募集だとか，標語募集だとか，おざなりの学校組合一体化でなく，組織的に学校は組合を利用し，組合は学校を利用し，ほんたうなヂャーナリズムの活動によつて，日本の最もおくれた農民層を，一歩前進させる具体的な活動が常に課題されてゐるだらうと，私は思ふのです[33]。

学校側の意欲として少なくとも地域を基盤とした教育活動として農業従事者の生活改善を志向したことはよくわかる。地元の基幹産業と学校教育が連携することで，教師は第一次産業と第二次産業に亘った生活台を意識するようになっていく。子ども達の生活の前進は，地元産業とそれを含括する産業構造の変革というダイナミズムの中で実現するという捉えが教育の中に育まれていくのである。

(3) 大森機械工業徒弟委員会

1938（昭和13）年の国家総動員法にともなう翌年度の労務動員計画が実施され，特に尋常小学校の卒業生を対象に強制的人員配置により，慢性的な重工業における労働力不足を解決しようとした。このため北方教育の同人たちはこれらの動きに対応し，「子どもたちの将来が，単に数字的な物量としての労務動

員から卒業生の将来を守らなければならなくなった。」[34]のである。

　重工業の労働力の吸収はすさまじい勢いですすんでいった。しかし，これらの労働力の大部分は大企業に流れ，中小企業にとっては好景気の中の求人難という状況に直面した。東京の大森に大森機械工業同志会というものがあった。これは，軍需産業の下請け部門を担当している約150の工場，3,000人の従業員をかかえた中小企業の親睦団体であった。現在の中小企業同友会にあたるものである。ここでも労働力不足に悩んでいた。これに対し徒弟養成問題の研究団体である財団法人協調会[*1]及び日本技術教育協会[*2]とが，このような状況にある大森機械工業同志会に，「同志会を母体として徒弟委員会を設け，業者の協同によって，徒弟の募集並に保護教育をなし，其に応じて賃銀，労働時間，積立金，徒弟修了後の待遇等につき条件を一定する」と提案したと『社会政策時報』[35]に記されている。これに同志会は賛同を示し，1938（昭和13）年12月15日，ここに歴史的「大森機械工業徒弟委員会」の設立を見るのである。これは，中小企業体による団体雇用協定の魁となるものであり，産業教育の中でも重要な位置を占める。この委員会の設立にあたった日本技術教育協会は雑誌『生活学校』に論文発表をしていた北村孫盛が中心となっていたこともあり，北方教育にその企画段階から接触があった。

　　*1　1919（大正8）年12月に財団法人として設立された。第一次世界大戦後飛躍的な発展を遂げた産業は多数の労働者を生み出し，労働組合運動も活発化した。そこで，労働者，使用者，公益，及び政府の四者によって成る労使協調が求められ，協調会が設立された。結果的には労働者の代表は参加しなかった。主な仕事は労働事情調査・研究などであり，それらの成果は『労働政策時報』等で公表された。
　　*2　技術教育改革による生産力の向上をめざし総合的な技術教育による年少技術者の育成を推進するため1937（昭和12）年，新興教育運動に携わった北村孫盛らによって設立された。

　「大森機械工業徒弟委員会」は次年度の求人に向けて，見習工の共同養成のための「大森機械工業徒弟学校」を建設した。学校の養成期間は5年（本科3

年，高等科2年），教育内容としては，学科目を専門学科，基礎学科，普通学科，音楽，徳育，教練，体操，の各科とし，生産技術，文化技術，生活技術の総合多能工教育をするカリキュラムがあった。北方教育からは，由利郡の現職教師であり同人の斎藤哲四郎を，徒弟学校専任教員として大森機械工業徒弟委員会に派遣した。その他の施設として，共同寄宿舎，栄養共同炊事所，病院の経営にものりだし，集団雇用共同体を作り出すに至ったのである。この徒弟委員会の事業は，戦時体制下，軍需景気の中で求人難に悩む中小企業と，子ども達の生活をそして将来を考える教師をはじめとする教育関係者による共同作業の産物である。

初年度の募集は各企業の求人数を合計し，総計750人の徒弟の共同募集を開始することになる。これに応えた応募は，秋田からのものが一番多く，北方教育社との太いパイプが感じられる。佐々木昻はこの事業のことを次のように述べている。

農村の子どもが重工業に吸収されて行くのはこの国の態勢上必至の問題である。私どもは村に居ても決して重工業に無関心たり得ない理由がこゝにあるのである。重工業に吸はれてゆく子どもについての，従つて又工場についての最大の問題は工場の大きいことでも賃金の高低でもない。その工場のシステムが少年工の教育をどう企画し，樹立してゐるかである。仕事そのものの教育性と教育施設，文化施設の問題である。[36]

当時，技術・技能をもたない高等小学校卒業者は雑役夫等専門性のない職務が割り当てられていた。職業訓練を行ない，職務に効力感をもてるような技能・技術を駆使した仕事に就かせていくことが，生活綴方という教育方法を通した「自己理解」を基盤に職業指導を展開した北方教育としては，必然の結果となったのである。佐々木の「工場のシステムが少年工の教育をどう企画し，樹立してゐるかである。仕事そのものの教育性と教育施設，文化施設の問題」はそのOJTとしての職業訓練の在り方を見事に表現している。

このようにして操業を始めたこの事業の成果はどうであったろうか。前掲の『社会政策時報230号』の「八，徒弟就職後の情況とその影響」に，就職後わずか半年間であるがその成果が次のように報告されている。

　従来の中小工場に於ては，労働移動が極めて頻繁に行はれ，苦心惨憺の結果募集した徒弟が，数ヶ月を出ずして半減するが如きことは珍しくなかつた。従つて業者はいづれも共同募集した徒弟に対しては非常な不安を感じてゐたが，半ヶ年後の今日に至つて，全体として僅かに一割の退職者を見るのみであつたので，その意外なるに驚いてゐる。…（中略）…徒弟の不平不満も最初の間は食物，住居，労働時間，業主及先輩工等に対するものであつたが，次第にそれが変化して，現在は，好きな仕事がやれぬ不満，速く仕事が上達したい希望等に変り，全体として技術に対する関心が非常に高まつてゐる。実際今回募集した徒弟の技術の進歩は，一般に従来の徒弟に比して遥に速いとのことで，未だ半年にも至らないで既に生産的にも相当役立つ仕事をしている[37]。

　この記述には，職業訓練がもたらす職業観の変化をみごとに表現している。労働者となった卒業者が，技能・技術を身に付けていく中で，住居や労働時間といった外的要因に対し不満を訴えていたが，次第に自らを発揮できる職務に配置されない不満や技能・技術の不足にその関心が移行していくところに，役割遂行に対する「自己理解」の進展を見ることができる。大森機械工業徒弟委員会はその初期の段階において，当初の目的を通り，北方教育社の加藤周四郎や佐々木昂が望んだ子ども達の将来に厳しい条件の中であるが，その中で可能な限りの展望を職業訓練を通したキャリア形成との形でもたらしたのである。
　前掲の『大森機械工業徒弟委員会とその事業』に，ここでの最初の予備訓練の内容や，訓練を通し徒弟たちの意識が実際にどの様に変化したかが，綴方を通して表現されている。予備訓練には短期訓練（3日間）と長期訓練（2～3週間）とがあり，夫々合宿にて訓練を積んだ。
　訓練内容としては「短期訓練に於ては，㈣学校より工場へ，農村より都市

生活に入るについての心構, (ロ)徒弟委員会の本質と機能, (ハ)中小企業の我国産業に於ける地位, (ニ)中小工場の長所短所, (ホ)中小工場と協同事業, (ヘ)機械工業の重要性, (ト)熟練工の意義, (チ)熟練工養成と中小企業, (リ)熟練工の資格, (ヌ)徒弟学校の教育方針等について充分なる理解を与え, 且つ団体生活に於ける行儀作法の訓練を与え, 修養講話を通して時局認識と報恩の観念の涵養を図つた。」(同書7頁)のように, 徒弟委員会およびこれから職業生活を送る中小企業に対する理解を求め, 円滑な移行を実現する内容の職業訓練を実施してきたのである。長期訓練では, 農民修練所にて関係指導者と徒弟は寝食を共にし, 訓練を行なった。ここでは「農事の実践を通して工業人としての作業態度を鼓吹し, 団体的訓練を与えたのであるが, 二三週間ではあるが可なりの収穫があつたやうである。作業態度は農業も工業も共通したものがあり, 而も農村出身の新徒弟の国体訓練の形式としては, 農業を通して為されることが, 却つて効果的であることが, 実証されたやうである。」(同書7頁)

　子どもたちがかつて慣れ親しんだ農業を基盤にした工業への移行を訓練内容に盛り込み円滑な移行を企図している。

　ひとりの人間を労務動員における数量としか見ないこの時代の大森機械工業徒弟委員会は, 短期, 長期の職業訓練プログラムを通じ, ひとりひとりが「自己理解」を深め, 自らの興味・関心や能力・適性を発揮できるように, 実社会への適応訓練を施している。こうした背景には, 生活綴方を通し職業指導を展開し, 「作品研究会」で思想の整理・発展を行なってきた北方教育の考え方が多分に影響していると感じないではいられない。その結果として, 同書8-9頁に掲載されている訓練実習生の綴方には, 徒弟たちが時局の制限の中であるが各自の職業生活に真摯に取り組もうとする意欲がこの訓練によって培われたことがうかがえる。

　A生『…このやうな生活は二度と僕の人生には来ないと思いますので, しつかり心にぶち込んで, 人生の波で苦しいことも楽しいことも, うれしいこともあると思ひます。その時はこの事を思ひだし, 人生を乗切つていかふと覚悟し

て居ります。』

C生「『二週間といへば短い本当に一寸の間であるか，私達はこの間に以後絶対に得難いものを獲得することが出来ました。朝五時に起きて寝るまでの間，何時得たか知れません。さうして今自分の胸の中のどこかに芽を出さうとして居るのがわかります。この芽を大切にして今後努力して行けるなら，いや必ず進んで見せる，その固い心が，強い盛りな芽が後にきつと花が咲き，実を結ぶに決まつて居る。この尊い一生の生きる道が開かれたのは，実に私達を元気づけて下さつて又得難いものである。…」

D生『これから工場に帰るが，私は自分に与へられた仕事に精魂を打ち込んでやります。『人事を盡くして天命を待つ』出来るだけの事を行つて運命に任せたいと思ふ。工場にては鉄ならば鉄の性質をよく知り，鉄に精魂を打ち込んで，死んで居る機械に真心をつぎこんで，その機械を生かします。必ず職業熱心になります。…」[38]

こうした訓練生への変化を生んだ事業への参画であるが，残念なことに北方教育に対する偏見により長続きはしないのである。「特に，技術教育協会のスタッフには旧新興教育関係者が多かったところから，『赤い教育法』であるという思想的対立が底流となり，この新しい試みは，やがて普通の青年学校教育の実体にあともどりするに及んで，秋田の『北方教育』同人らの支持も消えた。」[39]のように，抗しがたい時局の流れや偏見により，北方教育に数多くの実際的な障害が立ちはだかるのである。

## 10. 加藤周四郎，佐々木昂の職業行政への参入

### (1) 加藤周四郎，佐々木昂の転出

1939（昭和14）年の冬，秋田県学務部職業課業務係長の藤田竹治は加藤周四郎を訪ね，県庁に入り自分の後任となることを依頼した。これを受け，加藤は

直接当時の秋田県岩上知事を訪ね,「私が県庁に入るにしても,北方教育社には条件があると思う。わたしがやっていく職業指導行政に対し,たとえ同じ学務部の学務課視学室から文句が出て学務部長が判コを押さなくとも,知事は判コをついて私の案をやらせてくれるか」[40]と尋ねた。わがままな注文であるが,その背景には職業指導行政に対する加藤の自負心がうかがえる。知事はこの申し出を受けた。北方教育社同人会においては,「いまの労務動員体制ではわれわれの教え子が,卒業したとたん,どこへ何しにやらされるか分からぬ現状で,数量としか見ない青少年労働者の行方をわれわれの手で守るしかない。」[41]という加藤の主張が受け入れられ,彼の県職業行政への転出が決まった。

　秋田市高等小学校における後任として,彼は佐々木昂を推薦し,受け入れられた。そして,運命の年,1940（昭和15）年4月,加藤周四郎は秋田県社会事業主事補として秋田職業紹介所少年係主任となり,これまで自らが送り出してきた小学校卒業者の職業指導,労務動員職業配置の第一線を担当することになった[42]。その年度の学卒者の中には彼が前年まで秋田市高等小学校で受けもった生徒も含まれるのであるが,そういった生徒達の就職に関する仕事が一段落した同年7月,加藤は県庁入りを果たし,学務部職業課業務係長となるのであった。そして彼を追うように,佐々木昂が少年係主任として秋田職業紹介所入りを果たすのである。子ども達のはみ出した問題を扱ううちに北方教育社同人の中心メンバー二人が教育の現場からはみ出したのである。第1章でふれたが,わが国の職業指導の始まりでは,労働行政を管轄する内務省主導によるもので,教育行政である文部省はそれに追随した。学校教育から労働行政へ移行した加藤や佐々木の動きから,子どもの「生き方」をつかさどる際には,この二行政の連携は不可欠なのである。

　二人は教員から行政職員として職業指導に携わるわけである。ただし,これらの行動は教員時代からの活動の延長線上にあり,また依然として彼等を含んだ北方教育社もその運動を継続しており,職業行政と教育行政の連携が秋田県では始まったのである。

　当時の秋田県において,教育の現場からはみ出したのは北方教育の同人ばか

りではなかった。加藤周四郎に後任を依頼した秋田県学務部職業課業務係長の藤田竹治も，実は，仙北郡浅舞小学校の訓導であった。かれは教え子の多くが身売りに出されて行く現実に直面し，身売り防止運動に身を投じるため，教壇を去り県の職業課に転じたのである。学校という枠に於ける子どもの支援に限界を感じ，行動を起こすものは北方教育同人に限ったことではなかった。しかし，一方ではそうせざるを得ないせっぱつまった環境に学校は晒されていたのである。

(2) 秋田県職業紹介所における職業指導

1940（昭和15）年の4月から7月まで加藤周四郎が，7月から11月まで佐々木昂が席を置いた秋田職業紹介所における職業指導について，現在残っている同紹介所の発行した職業指導パンフレットをもとに見ていきたい。

(ア)「職業指導第5集 就職前の職業指導」

1940（昭和15）年1月に発行された『職業指導第5集 就職前の職業指導』というパンフレットがある。これは，加藤周四郎の時期と並行して[43]発行されたものであるが，入所後加藤が直接携わったものとの比較を念頭に，内容を見ていく。「第一章 職業意識の集結作業」「第二章 選職の決定作業」「第三章 銓衡方法」「第四章 採用決定後の指導処理」「第五章 諸注意」の五つに分かれているが，書かれている内容は，一般的な学卒の就職の過程を示したものである。

第一章の第一項は「ひとりのこらず働け」と始まっている。その欄外には，「11月現在，秋田職紹管内61校三月卒業児童は，男2283名，女1415名計3698名である。内就職希望児童 男660名，女198名 計858名 全卒業児童に対し20％に過ぎない。之を1月末日迄50％にしたい。乞協力」（1頁）等，労働力の創出に意欲的であることをうかがわせる。青少年労働者を「数字的な物量としての労務動員」の対象と捉える傾向が見てとれる。1927（昭和2）年の訓令

第20号から始まり，その後多くの実践者や研究者が積み上げられ，学校教育を通して児童や生徒の個性を尊重する実践として展開された職業指導の理念は，ここで，職業行政から失われていくのである。さらに，第三項では「無駄な劣等児といふものは，一人として，戦時日本の労働市場に於ては絶対的に存在しない。国民教育者は一個の国家的労働力育成の仕事としてはじめて有力な政治性と発言力を持って来る。」（2頁）と，国家的労働力育成との美名のもと，こうした動きに協力して初めて教師としてのリーダーシップが発揮されるとし，労務動員への協力を煽っている。最後の第五章の「諸注意」(3)に「一人一職志望採用後の不動厳守のこと」とある。これは，「一人一職志望」と「採用後の不動」を「厳守のこと」と読んでよいであろう。特に年少者の学年担当としては，就職希望者が複数の事業所の選考試験を受けることなく，一社ずつ受験し，就職後は転職することがなければ最も効率のよい労務配置が実現する。数学的な物量としての労務動員とも軌を一にする考え方である。ここに戦後，長年高校進路指導のルールであった「一人一社主義」の原型を見ることができる。前後の資料がなく，いつからこの用語が用いられてきたのか判明しないので断定はできないが，もしこの「一人一職志望」が，戦時体制下，青少年の無謀といわれる労務動員と求人難の中で一人の多社受験に歯止めをかけるものであったとするならば，戦後，長年高等学校就職を支配してきた「一人一社主義」は戦時職業指導のこうした過去の歴史を背負っていたことになる。

(イ) 「職業指導資料第10集　郷土より職場へ」

このパンフレットは，企画が加藤周四郎で，編集は佐々木昂の担当であった。これを(ア)で取り上げた「就職前の職業指導」と比較して見ると，同じ秋田職業紹介所発行のものであってもこうも違うかと驚かされる。(ア)のパンフレットが煽り調子で労務動員を進めていたのに対し，加藤周四郎，佐々木昂と続いた少年係主任の下で同所の労務動員の姿勢も変わった。このパンフレットは職業綴方文選のようである。かの地で働いている卒業者に対する在校生たちの励ましの綴方なのである。

## 10. 加藤周四郎，佐々木昻の職業行政への参入

　パンフレットには発行年月日が記載されていないが，3-4頁に佐々木昻が主事補の立場で1文を寄せているところから，1940（昭和15）年7月から11月の間に発行されたものであることがわかる。また，表紙裏に手紙文の募集があり，締切りが7月31日になっているので，おそらく7月の発行かと思われる。遠く故郷を離れた地で働く先輩たちへの綴方を掲載したものを職業指導資料とするのはいかにも北方教育社同人らしい。表紙裏の手紙文募集の内容は，今度は職場から秋田へ「職場生活を郷土に知らせる手紙文」を送るようにとのものである。このパンフレットは，全国の職場へ散って行った卒業者たちの手元に届いた事であろう。これは進路指導の6活動の「追指導」にあたる。また，手紙文の募集の記事を見ると，今度は「職場より郷土へ」という単行本の発行が予告されている。パンフレットは，卒業者，在校生両方にとって「自己理解」を推進する上で，非常に意義のあるものといえる。これまでの佐々木昻をはじめ北方教育社の同人は，この労務動員体制を前に自分たちの許された行動範囲の中でいかに子どもたちの将来を支援していこうかと模索し続けた。佐々木昻の中にも本意でない形で子どもたちを職場へ送り出してきたことに潜在的であろうが罪の意識もあったと思う。そういう思いで彼のこのパンフレットに収められている一文を読むと，勢いはよいのだがその歯切れの悪さが彼の思いを反映しているように感じられる。

　親愛なる少年戦士諸君よ！／恋しい懐かしい家や学校に別れて三ヶ月間，長い様で短い期間ではあったが実社会の空気を吸ふて色々な体験と教訓を得たことでせう。だが諸君等の希望の彼方にはまだまだ幾多の試練がよこたはつて居るのだということを自覚して貰ひたい。これを乗りきる必要は既に諸先輩からも聴き，又諸君等もよく研究して居ること丶思ふが，特に「酒」と「女」と「金」此の三つの誘惑に打ち勝って成功の彼岸へ勇往邁進してこそ始めて栄光あるあの月桂冠を手折られ得るのだと云ふことを胸に銘記して，国家の為め，自分の為め，知己恩人の為め大いに頑張って貰ひたいことを遥かの地にて祈ります[44]。

(3)「農村青少年人口の構成分布に関する調査」と就労規制

　1940（昭和15）年10月秋田県職業課は「農村青少年人口の構成分布に関する調査」をまとめた。これは1939（昭和13）年7月における，秋田県三郡（県北の鹿角郡，中央部の南秋田郡，県南の雄勝郡）の年齢12歳から25歳未満の者を対象とした調査であった。昭和13年というと，職業紹介所の国営化，国家総動員法の発令と，急速に労働行政においても戦時体制に入った時期である。以下の本文からこの調査の目的が明らかになる。

　支那事変を契機として国策の線に登場せる各種の諸労務対策が，等しく之等青少年層を対象とされて来た事は寧ろ必然である。或は労務動員計画と言ひ，或は青少年雇入制限令と言ひ，或は労務管理委員会の組織を言ひ，国家の積極的就職統制，労働移動調整，労力需給調節，更に賃金統制に至る迄職業行政も亦一大転換期に直面してゐるのである。本県に於てはこゝに鑑みる所ありこの躍進転換期に立つ職業行政の指向を決定する基礎資料を得るため，それぞれ模式的特性を有する県下三郡を選んで青年調査を行ひ，その青年層の構成乃至分布を詳かにし，それに対応する各種施設の有力な資料を得んとしたのである[45]。

　産業構造の変化により，農村にも労働人口の移動が始まったため，その詳細調査を行ない，きたるべき労務動員に備えようとのことである。この調査のきっかけは，既述の1938（昭和13）年に秋田を会場に開催された東北地方職業指導協議会の大日本職業指導協会の提出協議題「第2協議題　東北地方振興策トシテノ職業指導ノ具体的方法如何」に対する答申にあるのではないだろうか。
　答申としては，「東北地方ノ地域性ニ鑑ミ東北振興策トシテノ職業指導ハ之ヲ2方面ヨリ考慮スベキヲ適当トス，1ハ労務力給源地トシテ，他ハ東北振興ソレ自体トシテノ職業指導ナリ今以上2点ヨリ之ガ具体策数項ヲ挙ゲ以テ答申ト為ス」としておりその具体策の「1　東北地方実体認識ノ方案ニ就イテ」に

「(1) 過去ニ於ケル東北地方ノ人口動態ヲ明カニシ其ノ就職配置状況ヲ出発トスルコト」がある。この答申と直接の因果関係は明らかでないが，時期，内容から考えて双方の強い関連がうかがえる。

　この調査によって産業動向の変化による労働人口の移動が明らかになると同時に，新たな問題点も出てきた。加藤周四郎は直接この調査に携わることはなかったが，これらの調査結果をもとに学務部職業課業務係長の立場でさまざまな就労規制をまとめ，特に青少年労働者の保護に努力することになったのである。

　この中で，小学校卒業者の2割が，そのまま商工雑業に従事するという実態をとらえ，関東，関西にある彼等の就労先をまわった。そこで見たものは，特に紡績工場の劣悪な条件下で働く子どもたちの姿である。そこで彼は紡績産業就労規制案をまとめるのである。

　また出稼ぎの実体も明らかになった。県外出稼人口の推移を見ると1932（昭和7）年に16,700人，1934（昭和9）年には28,000人そして1936（昭和11）年には3万人を超えるに至った。ここで，出稼ぎ実態調査を続け，その結果，出稼ぎに北海漁場や京浜土建現場へでる労働者の保護をねらい，福祉教育施設や賃金支払いに関するこまかな資格審査条項をいれた「秋田県出稼受入規制」をまとめた。

　そのほか県庁内の知事ブレーンの集まり「企画委員会」にも参加し，「県政は何をなすべきか。」というテーマで自由懇談を行なった。これは15人程度の県庁内外の若手の集まりで，佐々木昂もそのメンバーの一人であった。企画会での話をもとに具体化した第一の施策は「小作料引き下げに関する命令」である。これは，小作料の引き下げはもとより，天候不順等の理由で減収の場合は小作料を減免するといった内容のものであった。こうして，加藤周四郎は子ども達の生活台としての生活環境整備を着々と手がけていくのである。

### (4) 職業指導研究会

　県庁入りした加藤周四郎は，職業指導において行政と学校とのつながりを緊密にする必要性から「職業指導研究会」の設置にのりだした。県内の各郡に設置をするという事で，1940（昭和15）年8月には各郡にこの旨の通知を出し，設置のための説明会を開催した。説明会開催にあたり，北から県内を回ることとし，9月に北秋田郡の大館で最初の説明会を開いた。そこでは，郡内の小学校長が集められ，加藤周四郎が趣旨説明を行なったのである。「これから各郡に職業指導研究会を設置する。これは，尋常科，高等科の子ども達の職業指導について考える会で，この会への教師参加については特別なはからいをしてもらいたい。」[46]というのが話の中身であった。加藤周四郎としては，各郡のこの研究会の中心に，北方教育の同人を据えようという意図があった。北方教育については，印刷所の閉鎖，破産から再開にまでようやくこぎつけたが，教育の国家主義化が進む中で次第に同人たちの結束が緩みかけてきたのである。そのため，この「職業指導研究会」の設置により，北方教育の再編成をもねらったのである。この「職業指導研究会」の存在を裏付ける記述が『秋田県職業安定史』に，「当時（昭和14年頃）の職業紹介に対する技術的な職業指導は非常に高いものがあり，…（中略）…職業講習会などもしばしば開催された。…（中略）…最もこうした講習会には全県的に組織されている小学校教師による秋田県職業指導研究会が大きく貢献したことも見逃せない」[47]とある。実際に「職業指導研究会」の組織化が進行していたかのような記述がされている。

　職業指導研究会は，北方教育を再編成する可能性をもっていたのである。加藤周四郎が職業指導研究会の中心に同人を置くとしたのは，これまでの職業指導を取り込むことで運動の高次化をもたらした北方教育の実践からすれば，当然の成り行きであるし，北方教育の同人にとっては最もふさわしいポストではなかったろうか。「書くこと」を通して生活を見つめ生きる力を身につけさせる術をもち，生活環境整備，進路先の整備に全力を尽くしてきた北方教育の同人が各郡の職業指導研究会の中心的メンバーで活躍することで，「自己理解」

中核とした本来の職業指導が展開される可能性を学校教育において飛躍的に増大させることができたと考えられる。北方教育が，急激な時代の変化の中で生活綴方から職業指導へと力点をシフトしたとも受け取れる事態である。

## 11．北方教育の中心的同人の逮捕

　北方教育の同人たちは，「戦争完遂のための生産力の拡充は，軍需工業要員少年工の，大量労務動員を不可避にした。教え子の就職を，さゝやかな幸福の保証で送り出したいと，『北教』同人は加藤，佐々木のポストをフルに利用し，社会の職場の中から送ってくる，『働く教え子』の手紙をたどって，その成果を測定し，喜んだり，悲しんだり，反省を重ねていた。」[48]のように教師の立場にこだわらず，子どもたちの生活環境の上に関わるさまざまな方策を，逆行する時代の流れの中で実践を続けていたのである。しかし，まるで，クライマックスに至ろうとしている劇場にてすべての照明が一瞬のうちに消えるかのように北方教育は幕を閉じるのである。

　それから，県庁の県政機構改革の原案をまとめ中，私は突然職業課から姿を消した。特高警察にタイホされたのである。私の机の左の袖箱の中には，知事の県議会説明用の「出稼受入規制」と「小作料統制」の原稿が残されたままだった。[49]

　1940（昭和15）年11月20日のことである。子どもたちをひとりの人格としてとらえ，それぞれに「生きる力」という幸福への道標を絶え間ない教育活動の中で希求し，学校での教育活動はもとより地域における教育活動，さらには労働行政の中で，子どもたちが今生きている，そしてこれから生活する環境の改善に努力し，また，わが国の進路指導・キャリア教育史の中でも稀有の「生き方の教育」の実践を重ね，今後も職業指導研究会という職業指導に於ける活躍の場も約束されていた北方教育は，その中心的同人の検挙という時代が生んだ

不運に見舞われるのである。

　この日に検挙された同人は加藤周四郎，佐々木昂，佐藤忠三郎，田村修二，長谷部哲郎および松井英二らの6名であった。そして，ほぼ1年の経過した1941（昭和16）年11月29日に2度目の検挙があり鈴木正之，土門退蔵および花岡泰雲の3名が身柄を拘束されるのであった。治安維持法違反の嫌疑である。これらの検挙は「今日では考えられない逮捕令状も示されない人権無視の勾留」[50]とあるように，戦時体制特有の思想弾圧とみなすことができるであろう。弾圧は北方教育ばかりではなく，生活綴方運動全体に対して行なわれた。「40－41年の弾圧によって検挙された者は，全国で300名をこえ，その地域は北海道，東北六県をはじめとして，新潟，茨城，東京，静岡，愛知，鳥取，山口，福岡，長崎，台湾におよんでいる。」[51]との未曾有の弾圧に直面したのである。

　これまでも本論で幾度か触れてきたが，北方教育は，マルクス・レーニン主義に根差したイデオロギー運動ではなく，また，国家総動員法からなる一連の職業行政に対しても積極的に反対してきたわけではなかった。むしろ，彼等なりの工夫や恭順を示しながら協力したといった方が正確かもしれない。こういった彼等にとって，まさにこの検挙は晴天の霹靂であった。

　1941（昭和16）年3月，小学校は国民学校と名称を変え，皇国民の錬成をめざす国家主義教育が推進されていくのである。1942（昭和17）年11月の「国民学校ニ於ケル職業指導ニ関スル件」通牒にて「進学及ビ選職ノ指導ヲ通ジ皇国ノ道ノ修練ニ欠クルコトヲナカラシム」と明記され，1927（昭和2）年の訓令第20号「児童生徒ノ個性尊重及職業指導ニ関スル件」で示された。個性尊重を旨とした本来の職業指導の精神は完全に失なわれたのである。職業指導をその活動の中核に据えていた北方教育の実践は教育の現場でも継続が不可能になっていったのである。同人の中には教室内の実践に沈潜する者もあったが，これまでの組織的な活動は再び蘇ることはなかったのである。現代の教育に対しても多くの示唆を与える。「生き方の教育」の理念を追究した北方教育はここに終焉を迎えた。

## 【注】

1）日本職業指導協会『日本職業指導（進路指導）発達史』文唱堂，1975年，74頁。
2）「『生活教育』座談会」『教育』第6巻第5号，岩波書店，1938年，70-87頁。
3）留岡清男「酪聯と酪農義塾」『教育』第5巻第10号，岩波書店，1937年，60頁。
4）中内敏夫『生活教育論争史』（日本標準，1985年）や岩本俊郎「留岡清男の生活綴方教育批判について－『酪聯と酪農義塾』を中心として」『立正大学文学部叢書』（1990年，33-45頁）など多数ある。
5）佐々木昂「生活・産業・教育」『生活学校』第8巻1938年，14頁。
6）鈴木正之「北方教育社のころ(8)」『教育』国土社，1969年9月，84-85頁。
7）留岡清男「旭川の教育人と北方教育社」『教育』第7巻第8巻，岩波書店，1938年，89頁。
8）加藤周四郎「歩いて来た道の自己批判」『綴方生活』11月号，1934年，31頁。
9）加藤周四郎『わが北方教育の道－ある生活綴方教師の昭和史』無明舎出版，1979年，15頁。
10）加藤周四郎『わが北方教育の道－ある生活綴方教師の昭和史』無明舎出版，1979年，84頁。
　　このいきさつについて加藤周四郎は聞き取り調査時（1990年12月19日の福島県石川町加藤周四郎氏自宅での聞き取り）に次のように語った。「当時は尋常小学校の卒業生2割が中等学校に進学した。小学校の4～6年の間はまさにこの2割の児童のための受験準備の指導が中心となり，残りの8割はその犠牲になっていた。その子ども達のために，（加藤氏が）高等小学校の設置を建議したのである。そうしてできたのが秋田市高等小学校である。高等科のみの小学校は県内では初めてであった。」
11）加藤周四郎『わが北方教育の道－ある生活綴方教師の昭和史』無明舎出版，1979年，85頁。
12）これは1938（昭和13）年10月，秋田記念会館に開催された東北地方職業指導協議大会のことを指し，大日本職業指導協会の第10回職業指導協議大会に相当する。
13）日本職業指導協会『日本職業指導（進路指導）発達史資料』1972年，144頁。
14）加藤周四郎「小学校　三，職業教育」『秋田市の教育』秋田高等小学校，1937年。
15）たとえば，1928（昭和3）年の，大阪市少年職業指導研究会『少年職業指導体系』の巻頭総覧図にある「職業指導体系」には，（甲）（乙）（丙）の各項目を箇条書きに書き直したものが示されている。
　　（甲）　基本的調査，一，職業研究（3項目），二，個性調査（5項目），三，環境調査（2項目さらに細目が5項目と3項目ずつ），四，志望調査（4項目）

（乙）　準備的職業教育，一，設備（3項目），二，施設（8項目）
　　（丙）　処置，一，選職輔導（紹介所と連絡）（3項目），二，職業紹介（仝上）
　　　　　（4項目），三，就職後の輔導（仝上）（4項目）
16）島木健作「今日の学校」『随筆と小品』，河出書房，1947年，148-149頁。
17）1928（昭和3）年の大日本職業指導協会『職業指導』7月号には，『夏季休暇利用号』と副題がつき，「夏季休業を職業指導に利用する方案の二三」，「休暇利用に関する一研究」，「休暇利用の衛生」，「休暇利用の資料」，「学童の職業経験と夏期休業」，「七・八月に於ける高等小学校の職業指導」，「暑中休暇に於ける農村職業参加」などの記事が特集されており，夏季休業を利用した職場実習が既に小学校において普及していることを示している。
18）島木健作「今日の学校」『随筆と小品』，河出書房，1947年，149-155頁。
19）中央教育審議会答申「今後の学校教育におけるキャリア教育・職業教育の在り方について」2011年，16頁。
20）中央教育審議会答申「今後の学校教育におけるキャリア教育・職業教育の在り方について」2011年，32頁。
21）加藤周四郎「本校の職業指導の実際」『秋田市高等小学校の校報夕映』第1号，1937年，14-16頁。
22）佐々木昴「指導の特殊性」『北方教育』第12号，1933年，8頁。
23）1991年8月24日の福島県石川町加藤周四郎氏自宅での聞き取り。
24）1991年8月24日の福島県石川町加藤周四郎氏自宅での聞き取り。
25）加藤周四郎『わが北方教育の道－ある生活綴方教師の昭和史』無明舎出版，1979年，99-100頁。
26）鈴木正之「北方教育社のころ(9)」『教育』No.240，国土社，1969年，123頁。
27）「村落更生に態度する」『佐々木昴著作集』無明舎出版，1982年，161頁。
28）若年者を対象としたキャリアガイダンスは，基本的には学校を中心とした公共教育機関を軸に行なわれるのが，先進国では共通の特徴となっている（Watts, 2000；Sultana & Watts, 2006）。下村英雄「子どもの将来とキャリア教育・キャリアガイダンスに対する保護者の意識」『労働政策研究報告書』No.92，2007年，3頁。
29）加藤周四郎，『わが北方教育の道－ある生活綴方教師の昭和史』無明舎出版，1979年，94頁。
30）鈴木正之「北方教育社のころ(9)」『教育』No.240，国土社，1969年，119頁。
31）佐々木昴「秋田の北方教育運動」『教育』第7巻第10号，岩波書店，1939年，120頁。
32）鈴木正之「北方教育社のころ(9)」『教育』No.240，国土社，1969年，119頁。

33) 加藤周四郎「新しい人間を作るために 学校と産組の役割」『秋田の産業組合』第5巻3号，1937年，10頁。
34) 加藤周四郎「青少年を将来を守る手だてとして－職業行政への進出－」『北方教育－実証と証言－』北方教育同人懇話会編集，東京法令出版，1973年，192-193頁。
35) 大内経雄「大森機械工業徒弟委員会とその事業」『社会政策時報230号』財団法人協調会，1939年，2頁。
36) 佐々木昂「秋田の北方教育運動」『教育』第7巻第10号，岩波書店，1939年，121頁。
37) 大内経雄「大森機械工業徒弟委員会とその事業」『社会政策時報230号』財団法人協調会，1939年，14頁。
38) 「大森機械工業徒弟委員会とその事業」『社会政策時報230号』財団法人協調会，1939年，8-9頁。
39) 加藤周四郎「青少年を将来を守る手だてとして－職業行政への進出－」『北方教育－実証と証言－』北方教育同人懇話会編集　東京法令出版，1973年，193-194頁。
40) 加藤周四郎『わが北方教育の道－ある生活綴方教師の昭和史』無明舎出版，1979年，106頁。
41) 加藤周四郎『わが北方教育の道－ある生活綴方教師の昭和史』無明舎出版，1979年，106頁。
42) 加藤周四郎が秋田県社会主事補，秋田県職業紹介所少年係主任となった時期については，秋田県庁退職職員名簿によると，1939（昭和14）年10月30日となっている。また，前掲の戸田金一『秋田県教育史（北方教育編）』によると同年12月となっており，さらに，加藤周四郎『わが北方教育の道－ある生活綴方教師の昭和史』では，1940（昭和15）年4月となっている。ここでは本人の言説に従うこととした。
43) 41) にあるように加藤周四郎の入所については諸説があるのでここでは時期の明言は避ける。
44) 『職業指導資料第10集　郷土より職場へ』秋田職業紹介所，(1940年)，3-4頁。
45) 秋田県職業課「二．本調査の目的」『農村青少年人口の構成分布に関する調査』1940年，3頁。
46) 筆者の聞き取り調査（1990年12月19日）によって初めて明らかになった。
47) 秋田県職業安定史（秋田県産業労働部　1968（昭和43）年），6頁。
48) 秋田教育懇話会『秋田の北方教育史』秋田県教職員組合，1964年，124頁。
49) 加藤周四郎『わが北方教育の道－ある生活綴方教師の昭和史』無明舎出版，

1979年，1089頁。これらの案件については，1941年に実施となる。加藤がいなくなった後，例の企画委員会のメンバーが，加藤のやり残した仕事を引き継いだのである。実施となったことを加藤は拘留先の能代刑務所で知るのである。（加藤周四郎への聞き取り調査（1990年12月19日の福島県石川町加藤周四郎氏自宅での聞き取り）による）

50) 戸田金一『秋田県教育史（北方教育編）』みしま書房，1979年，475頁。
51) 城丸章夫，川合章「民主主義教育の運動と遺産」新日本出版社，1975年，186頁。

# 終　章

## 北方教育と職業指導の邂逅を進路指導，キャリア教育の視点で整理する

　序章で論じた北方教育の4つの特徴を，職業指導，進路指導，キャリア教育を基盤とした4つの視点で考察してきた。以下では，各視点における考察のまとめを示していく。さらに，本章では，各視点で行なわれてきたこれまでの記述から，北方教育が職業指導と邂逅することで，その運動理論が発展的に展開していくことが認められることを検討していく。

## 1. 各視点の考察と北方教育

(1)　進路指導とキャリア教育を融合した視点

　「進路指導の取組は，キャリア教育の中核をなすものである」とされた両者の関係性の中で，北方教育の実践を見てきた。特に進路指導の6活動は「①自己情報の理解」「②進路情報の理解」「③啓発的経験」「④進路相談」「⑤就職や進学への指導・援助」「⑥追指導」と略記され，北方教育の実践を解釈する際に活用されてきた。
　上記の進路指導6活動の構造モデル（図序-2）を使用することで説明され

る北方教育の活動は多々あり，北方教育の活動を進路指導の視点で考察することでそのメカニズムが説明される部分が多く見られた。その系譜にある職業指導を取り入れることで，北方教育の「生き方の教育」としての発展的展開はある程度予測されるのかもしれない。以下，北方教育を象徴する活動のもつ特徴を進路指導の6活動と照らし合わせて確認する。

### ㋐　リアリズム綴方教育論における「自己理解」

『くさかご』2号の総評に書いた成田忠久の「周囲をよく見て考えることで，りっぱな綴方が生まれる」といった綴方に対する高次な概念はその後の北方教育の運動原理となる。これは「自己理解」の重要性を言外に示しており，こうした原理は職業指導における活動の重要性と共同歩調を取る可能性が示される。

その後，佐々木によって示された「リアリズム綴方教育論」は「我（自己）と存在（自己を取り巻く社会）とを結び付ける表白はその初期の段階で表れるものが個のリアリテとしての純粋な自己表現である。」とし，成田の考えを発展させ綴方をとおした「自己理解」を促進することで，個のリアリテとしてのキャリア形成につながる可能性を指し示したものとも考えられる。

いたるところで携帯電話で常に文字を打つ（書き）つづける日本人である。これだけ書くことが好きな民族は少ないかもしれない。「生き方の教育」の本質を支えた「書くこと」を通し「自己理解」を実現する理論は，現在の進路指導，キャリア教育において開発されなくてはならない教育方法として，大いに活用していかなくてはならないものである。

### ㋑　「啓発的経験」としての職場実習

秋田市高等小学校の校報『夕映』第1号〔1937（昭和12）年発行〕の「本校の職業指導の実際」（14-16頁）の「四，職業実習」にある「職業に対する知識，理解の啓培」および「実務によつて得られる職業人としての精神陶冶」は，進路指導の「啓発的経験」としての職場実習による「自己理解」を通した勤労観，職業観の育成として位置づけられる。職業実習の実践とその理論的背景の説明

### (ウ) 「書くこと」によるガイダンスの機能

佐々木昂の「指導の特殊性」には，書かれたものを通し先生に打ち明け相談を求める場合のプライバシー・ポリシーに触れている。その後，佐藤サキの『職業』による綴方を通した「子どもの諸問題」の開示があり，「作品研究会」に会する教師が綴方をとおしたケース・スタディにより支援にのりだすのである。ここに，進路指導の6活動の「進路相談」の展開が認められる。「書くこと」による「自己理解」の実現と，書かれたものによるガイダンスの成立は，進路指導，キャリア教育を展開する上で誠に可能性の感じられる教育方法である。

### (エ) 手紙を活用した「追指導」

職場から秋田へ「職場生活を郷土に知らせる手紙文」を送る取り組みは「追指導」の一つであり，この資料は，同じ進路を歩もうとしている後輩にとってはモデリングの作用があり，一方，郷里におくる作文を書く卒業者にとっては振り返りを中心とした「自己理解」の機能を有する。大森機械工業徒弟委員会における職業訓練施設の設置も新たな進路への先での適応を促進すると考えると明らかに「追指導」の一つといえる。

北方教育の11年間の活動の断片であるが，進路指導，キャリア教育における6活動との関連を検討することで，序章で示した図序-2の構造モデルで説明をすることが可能であり，それぞれの活動の意義や関係性が明確になる。

## (2) キャリア発達の視点

発達課題に応じた授業構成は北方教育同人の系統案によって確認された。特に佐藤孝（幸）之助『綴方の勉強姿勢とリアリズム』では尋常科1年から，高等科2年までの8年間を，10の生活研究に分け，題材を設定していた。紙面の

都合上生活研究の部分のみ掲載したが，それぞれの課題に「生活探求のために」の項目を設定し，そこには社会的・職業的自立を促す内容が記述されていた。一方，加藤周四郎の『綴方系統案』では，二時間の指導案であるが，課題「家と私」の下で「家の人々の仕事の役割」「どんな生活態度を持つか」をテーマに職業指導部との連携も示しており，綴方の授業を通し生き方の選択のひとつである職業選択を視野に入れていた。既にふれたが，佐々木昂の「リアリズム綴方教育論—序論—」に沿い，綴方という表現活動を通し，個を取り巻く社会の「生き方」の情報を，客観性，価値性，普遍性といった発達論的な方向に指導していくことの必要性を説いていた。

　特性因子論と職業的発達理論の関係は後の職業指導理論の構造の中で見られるものであるが，既に実践を理論化する中で発達的視点で子どもの成長をとらえ，「書くこと」通しガイダンスやカウンセリングの機能を活かした子どもの「自己理解」や教師の子ども理解を進めていった北方教育の姿勢は，こうした系統案からも確認できるのである。

### (3) 職場体験（実習）から勤労観，職業観の育成

　職場体験は進路指導の6活動の「啓発的経験」に匹敵し，「自己理解」を促進する活動である。職場体験がいかに勤労観，職業観の育成につながるかを考察する。

　大日本職業指導協会発行の『進路指導』誌の記事でも紹介したが，北方教育時代の職場体験，職場実習は職業指導の普及とともに拡大していった。加藤周四郎の秋田市立高等小学校の職業指導体系の中で組織的，系統的に職場体験が行なわれている様子は，北方教育下で実施された職場体験の特徴がよく示されている。具体的な様子は島木健作の筆によるが，職場実習の見解としては，加藤が秋田市高等小学校の校報『夕映』第1号の「本校の職業指導の実際」の「四，職業実習」に書いた「職業に対する知識，理解の啓培，他面には実務によつて得られる職業人としての精神陶冶に重点を置き又幾分でも選職上の便宜

なるものと確信する」にその機能が示されている。職業実習には職業についての知識・理解の促進の部分と体験から得られる職業人としての職業意識の育成の二つの機能を挙げている。こうした姿勢は，1927（昭和2）年の訓令20号「児童生徒ノ個性尊重及職業指導ニ関スル件」にある「職業ニ関スル理解ヲ得シメ勤労ヲ重ムズル習性ヲ養ヒ始メテ教育ノ本旨ヲ達成スル」の部分と通底するところがあり，本来の職業指導の強い影響が確認できる。一方，この考えは進路指導，キャリア教育の導入の際に示された勤労観，職業観の育成とも近く，時代を超えた学校教育における価値観としての勤労観，職業観の育成に職業実習や職場体験が共通に機能していることを認めることができる。

(4) 教育理念の視点

　理念においては，本論では北方教育の理念と職業指導の理念の邂逅により，北方教育の運動自体の方向性や質に影響を与えたとの視点で考察を進めてきた。滑川が指摘するように「『生活綴方』は子どもたちに現実生活を文字表現させ，そのことによって生活をみつめ，生活認識をふかめ，その生活を前進させようとする」もので，北方教育では，児童生徒の綴方を扱った「作品研究会」が理念構築の場となった。そこにもち込まれた作品「職業」は同人たちを動かし，「真の作品処理は作者―――サキに『生き方』を教えることでなければならなかつたのだ。」に至ることになる。さらに，「作品研究会」の理念構築は，「リアリズム綴方教育論」として『北方教育』誌上で論を展開することになる。「作品処理は生活処理」が北方教育の運動理念の中核となる。

　職業指導の理念としては，再度，訓令20号の「職業ニ関スル理解ヲ得シメ勤労ヲ重ムズル習性ヲ養ヒ始メテ教育ノ本旨ヲ達成スル」が中核となっている。職業指導については，大日本職業指導協会の月刊誌『職業指導』をはじめ，第1章で示したように多くの啓発書が発行された。その後の加藤の秋田高等小学校における職業指導の実践，加藤や佐々木による秋田県職業行政への出向，職業指導研究会の企画・組織等を総合的に考えることで，北方教育の理念と職業

指導本来の理念とが北方教育において融合し，活動の共通性の中で発展的に展開していくのである。秋田高等小学校の職業指導実践がそれらの融合を端的に示している。加藤は，【資料4】にある秋田高等小学校の職業指導体系をもとに，『職業の研究』を課し，「毎日の仕事はどんなことか」「将来の見込みはあるか」「（私が就職したら）どんな仕事から始めるか」等の質問に綴方で答え職業理解をさせようとしている。当時，職業指導実践においては多くは職業そのものを扱い，方法論も個性調査や職業実習等であった。それに照らし自らの運動理念を検証することで，北方教育は，教育方法としての綴方がその理念と本来の職業指導の在り方によって「生き方の教育」の成立を見るのである。職業指導の拡大，理論化によって北方教育の運動としての質の高まりも実現したのである。

　1983年の進路指導の定義「進路指導は，個人資料，職業・学校情報，啓発的経験及び相談を通じて，生徒みずから将来の進路の選択，計画をし，就職または進学して，将来の生活における職業的自己実現に必要な能力や態度を育成する，教師が教育の一環として，組織的，継続的に援助する過程である。」および，2011年の中央教育審議会答申「今後の学校教育におけるキャリア教育・職業教育の在り方について」において示された「一人一人の社会的・職業的自立に向け，必要な基盤となる能力や態度を育成することを通して，キャリア発達を促す教育」とされているが，これまでの，理念を支える活動として(1)～(3)を整理することによって，本来の職業指導の理念を取り入れることにより北方教育の教育活動は生活綴方としては独自の発展を遂げ，多くの実践の意義を後世につなぐ形で残したといえるのではないだろうか。

　特に，雑誌『教育』の「酪聯と酪農義塾」に端を発する留岡清男と佐々木昂の生活綴方の実践者との論争は，教育実践における理論と実践の融合を題材としている。2012（平成24）年，中央教育審議会は，「教職生活の全体を通じた教員の資質能力の総合的な向上方策について（答申）」を取りまとめた。そこには，教員養成の修士レベル化への方策として理論と実践の往還が挙げられている。留岡と佐々木によって行なわれた論争の大きな部分を占めた教育におけ

る理論と実践の扱いは，古くて新しい問題である。一方で，「生活台」にて職業人として機能する子どもたちの教育について「作品研究会」を通した実践に裏打ちされた議論を交わすことで鍛えられてきた北方教育の同人たちは，研究者からの多少の攻撃にはうろたえることはなかった。

　それは，最後まで子どもの人権を守ろうとして「生き方の教育」を志向し，治安維持法で検挙される北方教育の同人と，「子どもの権利をその根底において剥奪する翼賛体制に自らをくみこんでいった」[1]留岡の在り方との歴史が示す事実は何を語っているのであろうか。「作品研究会」で子どもの生き方について議論する中で鍛錬され，日々の教育活動の体験を通した「自己理解」の中で収斂させながら実践の理論化を成し遂げていく北方教育に対し批判を強めていく教育科学研究会は，その過程にはさまざまな経緯が認められるが，結果的に体制への迎合の道を選択する。ここに，「生き方の教育」の分岐点を示すことになったのである。

　真に理論と実践の往還を問う事例とすることができるのではないだろうか。

## 2．結びにかえて

　これまで，秋田県に生まれ10数年という短期間ではあるが，東北一円ひいては全国まで影響をおよぼした北方教育を現在の教育，特にその中の進路指導，キャリア教育との関わりについて見てきた。その教育活動は精力的であり，さまざまな示唆に富んでいる。ここで再度触れたいのは，彼等の教育環境である。当時の東北地方は徹底した農業地域であり，封建制が深く根を下ろし，農民の大半を占める小作人は凶作と地主からの小作料取り立てで最低限の生活を余儀なくされた。加藤周四郎は教員1年目を秋田県河辺郡上北手小学校の訓導で始める。その赴任の時の様子を次のように書いている。

　受持ときまった五年生男女50名のクラスに入っておどろいたのは，教室に充満する悪臭である。ひどい服装である。鼻汁をこすりつけてひかっている木綿

の袖口はいいとして，ほころびはそのまま，ろくな帯びもないゾロリとした衣裳は，着物というものからほど遠い。シラミをはわせておく頭の子も多い。
　教科書は机の上にひろげているが，ノート，筆記具を用意しているのは極く少数，チビ鉛筆で教科書にノートをとるという風である。
　そこには，貧しい農村のすがたがそのまま教室にくりひろげられていた[2]。

　また加藤周四郎のクラスの生徒ヒデが学校を幾日か休んだある夜，その子の祖父が宿直室に加藤周四郎を訪ねて来た。聞くとその子ヒデを奉公に出したというのである。

　私はびっくりしたが，それ以上追求する必要はない。口べらしと一時金ほしさに，娘たちが売られて行く話は，青年たちの集まりでいく度か聞いていた話だ。……(中略)……いうべき言葉もなくてだまっていろりの灰をかきまわしている私の前で，爺さんははじめて，「ヒデが可哀想でナンシー」とつぶやいて手拭で眼をおさえた。
　私は，自分の無力に腹をたてていたが，爺さんの涙をみると，何故か分からぬ憤怒の感情がつき上げて来て私も涙を流すのであった。
　何回も頭を下げながら宿直室を出ていく爺さんのうしろ姿を見つめながら，私は（この親と子を，この私とヒデの仲をひき裂くものは何か）と心の中で叫んでいた。
　たった半年位のつきあいだけで，私の教え子の一人は，永久に私の前から姿を消してしまったのである[3]。

　子どもの人権や子どもが生き方の選択する権利を全く無視した，まさに壮絶な教育環境であった。この中で北方教育は一つの教育運動として起こり，加藤周四郎をはじめとする多くの同人は教育実践を繰り広げるのである。一方，現在のわれわれの教育環境はどうであろうか。多くの場合，人間のもつさまざまな能力のうちのほんのひとつに過ぎない学力という尺度が学校を決定するのが

## 2．結びにかえて

現実である。例えば高校の場合，学力の高い生徒の集まるいわゆる進学校から，それとは逆のいわゆる進路多様校まで厳然たるランク付けがなされている。特に進路多様校ではLHRを使って進路について学ぶ学習をやらせても，なにも書かない，書いてもありきたりな内容で，それを利用して進路発達を促すことは非常に難しい状況とのことである。進路多様校ではなくても，日常のあれやこれやの雑事で，時間的，精神的余裕がないため，進路指導，キャリア教育にたいしても今一つ意欲のわかない教師もわりと多いのである。

肉体ばかりではなく精神的にも疲弊しきった子ども達に，綴方実践を通し生きる力をよび起こしていったのである。そして，可能なかぎりの手段，方法を用い，子どもたちの将来における進路を保障しようとしたのである。この点について加藤周四郎は「学力の低下・学習意欲の喪失，この共通項をカッコでくくった通信簿しか持っていない子どもたちに，ものを学ぶ——わかるというよろこびを与え，俺も役立つ人間だという自信を回復するために，私がとった方法は，生活綴方しかなかった」[4]と述べる。

微力な一人一人の教師が，「書くこと」を媒体にした教育活動を始め，次第に組織化を行ない運動の輪を拡げ，生きる力の創造につなげていった。当時の日本でも最も劣悪な教育環境の中で，自分たちも給料不払いという経済的困難を抱え，与えられた条件の中で，子どもたちによりよい生活を，そしてよりよい生き方を見つめさせるため最大限の努力を払ったのである。

こういう実践の中で運動原理は変容し，現在の我々に対し「リアリズム綴方教育論」という形で遺産を残すに至ったのである。運動の内容の高次化に反し，周りの情勢は悪化する一方で，とうとう学校という枠の中だけでは子どもたちの最低限の生活保障ができなくなっていく。そこで同人たちは，教師としての枠をはみだし，学校外に活動の場を求めていくのである。こういった一連の行動に対する評価はさまざまである。しかし，こと現代の教師の実状を鑑みると，今や96.9％となった職場体験活動のために，中学校教師は地域に出て，体験活動の場としての事業所の確保に奔走している。教育の基盤が地域になりつつあるのである。北方教育の同人たちの教育活動から学ぶことは，地域を基盤にし

た教育活動という形ではなく，その根底にある理念や哲学の在り方である。いい換えれば，「教育の本質とは何か」をわれわれに問いかける実践である。

　進路指導やキャリア教育に限定せずとも教育全般において，その理論と実践の乖離が叫ばれて久しいが，北方教育の「リアリズム綴方教育論」の如く，実践の中から産まれた理論はわれわれにとって説得力と臨場性をもつのである。その方法論，運動原理等については，わが国の職業指導の歴史においてその相乗性も確認でき，キャリア教育の視点で解釈することでさらに多くの運動の解釈が明確になった。

　これまで職業指導の歴史，北方教育の変容，そして現在の進路指導，キャリア教育とこれらの関わりを見てきた。北方教育については，さまざまなとらえ方があり，これまで生活指導の面から種々の考察がなされてきた。これらの理論の緻密さ，論理の適格さには本論は遠くおよばない。史実のとらえ方や資料等が十分でない所も多々あると思う。しかし，この運動が終始一貫して，子どもの生き方を求めた教育実践であり，それが，最終的には職業指導と邂逅することによりその運動の質を高めたという考察はある程度裏付けられたと思う。そして，半世紀も前の実践が現在でも十分通用する事実も確認してきた。教育実践に携わっているわれわれにとって必要な事は，日本の文化や風土に培われた先人たちの教育実践を現在の実践に照射し，過去の教育実践が積み上げてきた遺産に対して前向きの教育検討の姿勢をもつことではないだろうか。そういった意味では，北方教育の実践はひとつの例ではあるが，「生き方の教育」の在り方をわれわれに示唆しているのではないだろうか。

　本書の原典となる『生き方の教育の源流を索めて－北方教育の進路指導的考察』から20年が経過した。その間に登場したキャリア教育は，北方教育を考察する上で新たな視点を提供した。また，ニート，フリータ問題，非正規雇用の拡大等先行き不透明な社会情勢の中で，北方教育が実践された当時の児童生徒を取り巻く情勢は，質的にも量的にも遠くかけ離れた状況であったかもしれない。しかし，一方では，主体的に進路（生き方）を選択する能力の育成は両時代を通じ喫緊の課題であることが確認された。携帯やパソコンで文書作成をす

るシステム社会では，筆記用具をもち文字を書く機会も少なくなっている。こうした「書く」作業自体も乖離しつつある中で，「生き方の教育」として北方教育を進路指導，キャリア教育の視点で考察することでさまざまな気づきと現代の学校教育にも活用できる汎用的な考え方を得，現代的な再考の必要性も生まれている。職業指導，進路指導，キャリア教育の系譜は生き方を選択する能力を育成する機能概念を学校教育では発揮するわけであるが，北方教育との相乗効果の中で運動の質を高めた事実から考察すると，この機能が内在的に秘めた機能が，主体的に進路を選択する能力の育成のもつ普遍的教育を展開することにより，その行為者の教師の在り方を教師自身のキャリアとして掘り下げることが確認できるのではないだろうか。「生き方の教育」創造において「書くこと」がどのような機能を果たしてきたのか，また，今後果たしていくのかについての初期的検討はここでひとまず留め置くことにする。

【注】
1）岩本俊郎「留岡清男の生活綴方教育批判について－『酪聯と酪農義塾』を中心として」『立正大学文学部叢書』1990年，44頁。
2）加藤周四郎『わが北方教育の道－ある生活綴方教師の昭和史』無明舎，1979年，9頁。
3）加藤周四郎『わが北方教育の道－ある生活綴方教師の昭和史』無明舎，1979年，23-24頁。
4）1990年12月19日の福島県石川町加藤周四郎氏自宅での聞き取り。

# 参 考 資 料

## 【資料1】

　本資料は，日本職業指導協会『日本職業指導（進路指導）発達史資料』文唱堂，1972年，77～165頁をもとに作成した。

　全国職業指導協議会を回毎にならべ，その後に開催年月，場所，参会者を記した。「　　」内に／のマークがあり，2文が記載されているものは，同一答申の中の2文をあげたことを示す。


　　第1回　1929（昭和4）年2月　教育会館（東京・神田）450名
「教育機関と職業紹介機関との連絡を一層緊密にし，職業指導の機能を発揮すること」「小学校及び実業補習学校並びに中学校においては，其の職員中に職業指導に当る専任職員を置くこと」
　　第2回　1929（昭和4）年11月　教育会館（東京・神田）350名
「職業選択に際しては，学校教師，保護者，職業紹介所職員其の他少年に関係ある人々の協力を得，環境等に関する資料を蒐集し，之れが妥当を期すること」「各学校に於いては，職業指導実施上適当なる主務係員を設け，教師及び学校医と協力し，職業指導を実施して教育上遺憾ならしむること」
　　第3回　1930（昭和5）年11月　教育会館（東京・神田）400名
「小学校には職業指導に関する科目を必須科目とすること。学校の専任の職業指導に関する係員を置き，他の教職員と協力して指導に当ること」
　　第4回　1932（昭和7）年11月　教育会館（東京・神田）500名
「高等小学校の教科に職業指導科を特設すること」「学校には職業指導主任を置き，学校に於ける職業指導実施を主宰する。」「学校に於ける職業指導の徹底の為め，教員養成機関に職業指導科を特設する」
　　第5回　1933（昭和8）年6月　一橋講堂（東京・神田）600名
「政府は現下の社会情勢に鑑み速に職業紹介所を直接国の経営に移されることを望む／平時において既に斯の如き状況でありますが一朝国家非常時変に際し動員または復員に伴う職業紹介機関の繁劇敏速なる活動に想到するに及びまする時到底今日のままの制度を以てしましては其の重大なる使命を達成することは実に困難であります」「小学校令中に職業指導を正科目として加へ且小学校に於ける職業指導実施要目を速やかに制定せられむることを望む」
　答申「1学校は職業紹介所事業の実際を考察し，職業紹介所は教育の精神を尊重し，相互に十分な理解を深め，以て両者の緊密なる連絡に遺憾なきを期すること／2就職前における指導は，主として学校之に当り，就職並びに就職後の指導は，職業紹介所中心となりて之を行い，相互提携協力すること／学校に置いては必ず職業指導主任を置き，職業紹介所との連絡に当らしむること」
　　第6回　1934（昭和9）年6月　日本青年会館（東京）450名
「学校に於いては必ず職業指導係員を設置し産業の実際に通暁せしめ置くこと／学校に置ける職業指導実績向上のため府県に専任視学を設置すること」「土地の状況により適当なる教育機関等に各種学校卒業期を中心として職業相談所を設け今後一層市町村学校職業紹介所当事者其の他の指導関係者の協力援助により広く其の普及発達を図るは職業指導を実際化する上に欠く可からざる者と言うべし」
　　第7回　1935（昭和10）年7月　金沢市公会堂（石川）400名
「2．職業指導に関し学校職員の修養方法を講ずること現在の学校教員は職業指導に関する理解の程度を充分成らざるを以てなり／5．職業紹介所と一層緊密な連絡をとること現在職業紹介の事務普及せるに比し少年職業紹介の施設並にその連絡上に遺憾の点少なからず」
　　第8回　1936（昭和11）年6月　大阪市青年塾堂（大阪）800名

「政府は現下の社会情勢に鑑み速に職業紹介所を直接国の経営に移されむことを望む／内容は第5回の建議と同じ」

第9回　1937（昭和12）年5月　愛知県商工館（愛知）750名
「3．職業紹介所職業相談所等ノ社会施設ニ於テ職業指導ニ任ズルモノニ一定ノ任用資格ヲ規定シ且当局ニ於テ之ガ適当ナル養成機関ヲ設クルコト／4．現在職業指導担当者ニ対シテハ時々講習会，講演会，研究会，実地見学ナドヲ実施シ其ノ資質ノ向上ニ努ルコト」「(2)各小学校ニ進学指導事務係ヲ設ケルコト」

第10回　1938（昭和13）年10月　秋田記念会館（会の名は東北地方職業指導協議大会だが第10回に相当する大会）（参会者未記入）
「(10)学校直接ノ職業斡旋ハ厳ニ之ヲ為サザルコト」

その後，第11回（1939（昭和14）年8月札幌市公会堂600名），第12回（1939年11月京都電燈株式会社本社講堂），第13回（1940（昭和15）年10月橿原神宮外宛），第14回（1941（昭和16）年11月浜松公会堂300名，第15回（1943（昭和18）年2月文部省第1会議室）と続くのであるが，戦況が厳しくなりいわゆる非常時態勢になっていく。

## 【資料2】　全国小学校卒業生帰趨状況

(寺沢巌男「社会的考察による職業指導」『教育学研究』第2巻第3号東京文理科大学教育学会編集26頁より転載)

| 全國小學校卒業生歸趨状況（單位千人） | | | | | | | |
|---|---|---|---|---|---|---|---|
| | 性別 | 兒童數 | 上級學校入學 | 就業者 | | 未就業者 | 其他 |
| | | | | 家事 | 其他 | | |
| 尋常科卒業 | 男 | 633 | 511 | 67 | 33 | 11 | 9 |
| | 女 | 604 | 388 | 129 | 64 | 13 | 7 |
| | 計 | 1,236 | 899 | 196 | 98 | 25 | 16 |
| 高等科半途退學 | 男 | 78 | 18 | 33 | 20 | 2 | 2 |
| | 女 | 63 | 13 | 31 | 14 | 2 | 2 |
| | 計 | 142 | 31 | 64 | 35 | 5 | 5 |
| 高等科卒業 | 男 | 361 | 47 | 197 | 94 | 17 | 3 |
| | 女 | 209 | 40 | 123 | 31 | 10 | 2 |
| | 計 | 570 | 88 | 321 | 126 | 28 | 6 |
| 合計 | 男 | 1,072 | 557 | 298 | 149 | 31 | 15 |
| | 女 | 877 | 441 | 284 | 110 | 27 | 12 |
| | 計 | 1,949 | 1,019 | 583 | 260 | 58 | 17 |

（昭和5年内務省調査）

## 【資料3】 北方教育, 職業指導対照年表

| 西暦(年号) | 北　方　教　育 | 職　業　指　導 | そ　の　他 |
|---|---|---|---|
| 1925(大14) | | （7月）文部省・内務省通牒「少年職業紹介ニ関スル件」 | （4月）治安維持法公布<br>（5月）普通選挙法公布 |
| 1927(昭2) | | （4月）文部省, 職業指導協議会開催<br>（6月）大日本職業指導協会結成<br>（11月）文部省訓令「児童生徒ノ個性尊重及職業指導ニ関スル件」 | （3月）東京渡辺銀行など取付け休業金融恐慌始まる。 |
| 1928(昭3) | | （1月）『職業指導』創刊<br>（4月）『職業指導読本』発行 | |
| 1929(昭4) | （7月）成田忠久秋田市に北方教育社創設『くさかご』・『草籠』創刊 | ○職業教育の所管が普通学務局社会教育課から社会教育局青年教育課へ移る。 | （10月）世界恐慌 |
| 1930(昭5) | （2月）北方教育社主催第1回講演と座談の会（参加22名）<br>（2月）『北方教育』創刊<br>（4月）『北方教育』第2号<br>（5月）『北方教育』第3号<br>（7月）『北方教育』第4号<br>（9月）『北方教育』第5号<br>（12月）『北方教育』第6号 | （6月）第1回全国職業指導デー（大日本職業指導協会主催） | （1～4月）ロンドン軍縮会議開催<br>○米価大暴落 |
| 1931(昭6) | （6月）『北方教育』第7号 | （11月）文部省内職業指導調査協議会（昭13までに, 一般教育, 小学校中学校, 師範学校などの職業指導に関する答申をおこなう。） | （9月）満州事変<br>○東北地方凶作 |
| 1932(昭7) | （7月）『北方教育』第8号<br>（11月）『北方教育』第9号 | （5月）大日本職業指導協会法人認可 | （5月）5・15事件<br>（7月）文部省欠食児童20万人突破を発表 |
| 1933(昭8) | （1月）『北方教育』第10号<br>（5月）『北方教育』第11号<br>（7月）北方教育第1回教育講習会（秋田）<br>（8月）『北方教育』第12号 | | （3月）国際連盟脱退<br>（8月）秋田県内小学校教員俸給未払校13校にのぼる。 |
| 1934(昭9) | （1月）『北方教育』第13号 | | ○東北地方大冷害によ |

| | | | |
|---|---|---|---|
| | （5月）北方教育社移転（専属印刷所持つ）<br>（6月）岩手県稗貫郡部会綴方講習会，北方教育同人講師として参加。（250名参加）<br>（8月）『北方教育』第14号<br>（11月）北日本国語教育連盟発足（北方教育社を事務所とする） | | る凶作。 |
| 1935（昭10） | （1月）『教育北日本』創刊<br>（5月）『北方教育』第15号<br>（6月）岩手県中里小学校教育研究に同人加藤周四郎講師として出席。<br>（8月）北日本国語教育連盟主催「第1回国語教育訓導協議会」（秋田市明徳小学校）<br>（8月）国語教育研究会主催「国語教育研究協議会」に「北方性」討議の提案者として同人佐々木昻参加。（仙台） | | （2月）凶作激甚地の婦女子の身売り出稼ぎ激増のため，秋田県は各職業斡旋機構を通じて身売り防止につとめる。 |
| 1936（昭11） | （2月）『北方教育』第16号（終刊）<br>（8月）「第3回北日本国語教育連盟訓導協議会」（仙台）<br>（8月）北方教育社主催「生活主義教育講演会」（秋田市） | | （2月）2・26事件 |
| 1937（昭12） | （8月）生活教育講演会（秋田県金浦町）<br>（8月）北方教育社印刷所閉鎖，北日本国語教育連盟消滅 | （3月）文部省「国体の本義」刊行<br>○職業指導職員配置（370名） | （7月）盧溝橋事件日中戦争（〜45）<br>（9月）国民精神総動員運動<br>（12月）南京事件 |
| 1938（昭13） | （3月）成田忠久経済的破綻のため上京。<br>（3月）『教育』（岩波書店）主催「生活主義座談会」に同人佐々木昻出席。<br>（8月）北方教育十周年記念会<br>（12月）大森機械工業徒弟委員会設立 | （4月）国家総動員法<br>（8月）学校卒業者使用制限令<br>○職業教育の所管が普通学務局にもどる。<br>（10月）文部・厚生両省訓令「小学校卒業者ノ職業指導ニ関スル件」<br>○職業紹介法全面改正（職業 | （9月）ミュンヘン会談 |

| | | 紹介所の国有化）〇職業指導担当技師配置（医師10名，心理学者70名） | |
|---|---|---|---|
| 1939（昭14） | 〇同人斎藤哲四郎大森徒弟学校へ専任教員として赴任。<br>(12月) 東北農業研究所設立準備会発足，翌年1月に設立総会 | （3月）従業者雇入制限令<br>（3月）工場事業場技能者養成令<br>（7月）労務動員計画（小学校卒業者250万人のうち50万人の動員計画を立案した）。 | （5月）ノモンハン事件<br>（7月）国民徴用令<br>（9月）第二次世界大戦勃発 |
| 1940（昭15） | （1月）加藤周四郎，秋田県職業課秋田職業紹介所少年係主任<br>（7月）加藤周四郎，秋田県職業課業務係長となる。後任は佐々木昴。<br>（8月）職業指導研究会設立に関する通知を学務部長名で秋田県内各郡に出す。<br>（11月）加藤周四郎，佐々木昴ら6名，治安維持法違反容疑で検挙。 | （2月）青少年雇入制限令<br>（7月）文部・厚生両次官通牒「中学校卒業者ノ職業指導並ビニ職業紹介ニ関スル件」<br>(11月) 従業者移動防止令 | （9月）日独伊三国軍事同盟 |

## 【資料4】 秋田市高等小学校職業指導体系

(戸田金一『秋田県教育史(北方教育編)』より転載)

秋田市高等小学校職業指導體系

1 兒童調査
  1 個性調査
    1 不斷ノ全面的観察(最重視)
    2 特殊情意調査
    3 趣味調査
    4 學力勤怠調査
    5 志望調査
  2 身體調査
    1 身體檢査
    2 出席狀況調査
    3 體力檢査
    4 罹病調査
  3 環境調査
    1 家庭調査──居宅、職業、家族、生業地區、生活程度、教育程度、住所
    2 社會調査──交友關係、風習
  4 志望調査
    1 本人、父兄志望
    2 其他ノ參考事項
  
2 選學職指導
  1 一般調査
    1 職業調査
      1 市一般職業調査
      2 職業分析的研究及不適職ノ研究
    2 卒業生就職狀況調査
    3 社會調査
      1 産業經濟發展調査(一般、市内)
      2 希望文化施設ノ調査(市内)
      3 職業個別指導ヨリ見タル一般社會ノ動向観察
    4 進學調査
      1 進學後ノ狀況調査
      2 進學內容ノ調査
      3 學校種類ノ調査
  
  3 選職指導
    1 不適職整理指導(身體ノ不適職ノ重視)
    2 發見ノ指導
    3 調査ニツイテノ指導
    4 學校社選擇指導
    5 模擬試驗兒對スル受驗指導
    6 兒童相談會及家庭訪問
    7 父兄相談會及家庭訪問
  
  4 進學指導
    1 紹介書發行
    2 證明書ノ得心
    3 推薦狀作製配布
    4 求職人人票表
    5 求職人人票開拓調査
    6 就職先決定
    7 職業紹介所、商工會議所トノ懇談

3 就職指導
  1 求人開拓紹介所
  2 求人票表
  3 推薦狀作製配布
  4 就職先調査
  5 兒童製作品見及證明書發行
  6 父兄決定人ニ對心得書發行
  7 職業紹介所、商工會議所トノ連絡

4 就職後ノ輔導
  1 卒業兒童ノ住所印刷發送──同窓會誌
  2 卒業兒童ノ身上方調査──同窓會誌
  3 輔導先訪問及就職別指導
  4 通信輔導──同窓會誌
  5 慰安會體驗談
  6 兒童ノ感想
  7 雇傭主ノ懇談會
  8 同窓會座談會
  9 同窓會──學校
  10 青年學校、大阪支部ノ設置

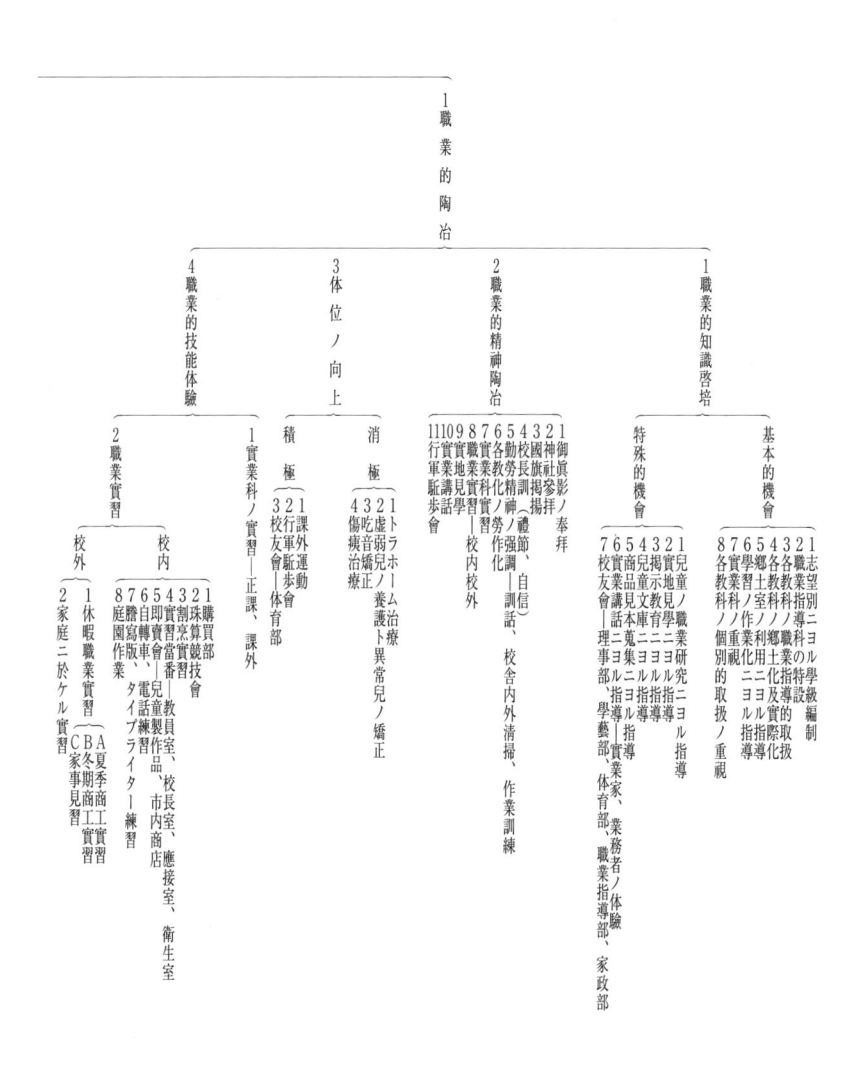

参考資料

```
1 職業的陶冶
├─ 1 職業的知識啓培
│   ├─ 基本的機會
│   │   1 志望ニヨル学級編制
│   │   2 職業科ノ特設
│   │   3 各教科ノ職業化
│   │   4 教科用郷土化及ビ実際的取扱
│   │   5 教室利用ニヨル指導
│   │   6 実習土ノ作業化ニヨル指導
│   │   7 各教科教材ノ個別的取扱ノ重視
│   │   8 各教科ノ職業指導的指導
│   └─ 特殊的機會
│       1 兒童見学ニヨル指導
│       2 掲示文庫ニヨル指導
│       3 地理講話ニヨル指導
│       4 実業図書集覧ニヨル指導
│       5 商品標本ニヨル指導
│       6 実業講話ニヨル指導
│          ─理事者、業務者ノ体験
│       7 校友会ニヨル指導
│          ─学藝部、実業部、体育部、職業指導部、家政部
├─ 2 職業的精神陶冶
│   1 御眞影奉拝
│   2 國旗掲揚
│   3 神社参拝
│   4 校長訓話（禮節、自信）
│   5 勤勞精神ノ強化作興─訓話、校内外清掃、作業訓練
│   6 各教科ノ實業化
│   7 實業地見實習─校内校外
│   8 實業科實習
│   9 行軍（遠足）
│   10 實軍艦見学
│   11 行軍艦歩會
├─ 3 体位ノ向上
│   ├─ 消極
│   │   1 トラホーム治療
│   │   2 吃音矯正
│   │   3 虚弱兒ノ養護ト異常兒ノ矯正
│   │   4 傷痍治療
│   └─ 積極
│       1 課外運動
│       2 行軍駈歩會
│       3 校友會─体育部
└─ 4 職業的技能体験
    ├─ 1 實業科ノ實習─正課、課外
    └─ 2 職業實習
        ├─ 校内
        │   1 購買部
        │   2 珠算競技會
        │   3 割烹實習當番
        │   4 實即賣會─兒童製作品
        │   5 謄寫版、タイプライター練習
        │   6 自轉車、電話練習
        │   7 教員室、校長室、應接室、衛生室
        │   8 庭園作業
        └─ 校外
            1 休暇職業實習
              A 夏季商工實習
              B 冬季商工實習
              C 家事見習
            2 家庭ニ於ケル實習
```

## 索　引

### あ行

赤い鳥　50
秋田県職業紹介所　145
秋田市高等小学校　116
秋田市高等小学校職業指導体系　119,
　176（資料4）
秋田市の教育　118
秋田師範付属明徳小学校　116
秋田の北方教育　135
芦田恵之助　50
歩いて来た道の自己批判　115
生きる力　5
池田和夫　91
池袋児童の村小学校　109
移行支援　11,121,124,136
意思決定能力　12
入沢宗壽　3,21
上田正三郎　51
大阪市立児童相談所　22
大森機械工業従弟委員会　138
大森機械工業従弟委員会とその事業
　141

### か行

改正小学校令施行規則　47
ガイダンス　3,159
科学技術教育の振興方策について　3
課題対応能力　12
学校教育法　6
加藤周四郎　ⅲ,55,114,143
川崎高等小学校　41

鑑賞文選　51
基礎的・汎用的能力　12
北日本国語教育連盟　92
きてき　68
キャリア教育　ⅰ,3,5,8,11,49,157,
　159
キャリア教育の推進に関する総合的調査研
　究協力者会議報告者〜児童生徒一人一人
　の勤労観，職業観を育てるために　5
キャリア教育実践プロジェクト
　14,122
キャリア・スタート・ウィーク
　14,122
キャリア発達　11,111,127,159
キャリア発達に関わる諸能力　12
キャリアプランニング能力　12
教育科学研究会　107,108
教育学研究　35
教育北日本　94
教育基本法　6
教職生活の全体を通じた教員の資質能力
　の総合的な向上方策について　162
協調会　139
錦糸小学校（東京市）　39
勤労観，職業観　5,124,158,160
くさかご　17,47
草籠　17,47
楠高等小学校（神戸市）　39
口入業　21
グループ・カウンセリング　10
慶安　21
ケイ，E．　16

啓発的経験　4,116124,157
ケース・スタディ　159
現今の教育　3,21
厚生省文部省訓令第1号　43
構造モデル　9
行田忠雄　20
国分一太郎　91
国民学校ニ於ケル職業指導ニ関スル件　43,152
国民徴用令　ⅱ
小作料統制　151
国家総動員法　ⅱ,104
小林恒太郎（恒二）　55,65
今後の学校教育におけるキャリア教育・職業教育の在り方について　7,162
今日の学校　120

## さ　行

斎藤哲四郎　140
作品研究会　66,76,79,116,129,159
作品処理は生活処理　84,130,136,161
佐々井秀緒　48,102
小砂丘忠義　51,95
佐々木昻（太一郎）　55,67,79,106,129,134,141,158
佐藤孝（幸）之助　125
佐藤サキ　55,73
産業組合青年連盟　135
志垣寛　51
自己情報の理解　9,35,57,86,120,140,142,157
自己理解　9
自己理解・自己管理能力　12
児童教養相談所　22
児童生徒の個性尊重及び職業指導　25

児童生徒ノ個性尊重及職業指導ニ関スル件　ⅱ,24,27,161
児童の世紀　16
指導の特殊性　79,129,159
児童保護　22
島木健作　120
市民サービス館　16
社会人基礎力　12
就職基礎力　12
就職者や進学への指導・援助　9
小学校教則綱領　48
小学校教則大綱　47
小学校卒業者ノ職業指導ニ関スル件　42
少年職業紹介ニ関スル件依命通牒　23
情報活用能力　12
将来設計能力　12
職業　55,76
職業観・勤労観を育む学習プログラムの枠組み（例）―職業的（進路）発達にかかわる諸能力の育成の観点から―　12
職業実習　14,118,122,158,160
職業指導　ⅰ,3,20-46,64,72,85,104,111,117,145,150,160,166
職業指導研究会　150
職業指導第5集　就職前の職業指導　145
職業指導第10集　郷土より職場へ　146
職業指導調査協議会　31,105
職業指導読本　28
職業紹介所　ⅲ,23,104
職業紹介法　22
職業的発達理論　42

職場体験　14
尋常小学校に於ける職業指導　33
進路指導　ⅰ,3,8,49,107,119,157,
　162
進路指導主事　28,29
進路指導における偏差値の不使用　4
進路指導の諸活動　9
進路情報の理解　9
進路相談　9
鈴木正之　55,67,76,125
鈴木三重吉　50
鈴木道太　106
生活学校　109,134
生活教育座談会　18,106
生活・産業・教育　109
生活台　72,95,98,108,136,163
生活綴方の現実の問題—生活性と教育性
　と綴方性—　89
青少年義勇軍ニ関スル通牒　43
生命の綴方教授　50
全国小学校卒業生帰趨状況　36,
　171（資料１）
全国職業指導協議会　28
全国職業指導デー　30
村落更生に態度する　134

## た 行

第14期中央教育審議会中間報告　4
大政翼賛会　108
第二次産業革命　3
第二次宣言　53
大日本職業指導協会　28
田上新吉　50
田村修二　91
治安維持法　ⅲ,17,55,152

追指導　9,11,40,119,136,147,159
綴方科　33,78,107,124,131
綴方学習指導目標　124
綴方系統案　127
綴方生活　47,51,95
綴方選題　50
綴方の勉強姿勢とリアリズム　125
出稼受入規制　151
デービス，J.B.　20
寺沢巖男　35
東京市中央職業紹介所付設性能診査少年
　相談部　22
東京児童の村小学校　109
東北農業研究所　137
特性因子論　41
特別活動　107
特別教育活動　107
留岡清男　107,109,162

## な 行

長良尋常高等小学校（岐阜市）　39
滑川道夫　48,55,61,161
成田忠久　54,56,61,65,86,98,158
21世紀を展望したわが国の教育の在り方
　について　5
日進高等小学校（女子校）（東京市）
　39
日本技術教育協会　139
日本作文綴方教育史３（昭和編１）
　53
日本進路指導協会　28
人間関係形成・社会形成能力　12
人間関係形成能力　12
人間力　12
農村青少年人口の構成分布に関する

調査　148
野村芳兵衛　51

**は 行**

パーソンズ，F．　20
服部嶣　37
浜田尋常高等小学校　56
藤田竹治　143
二葉高等小学校（新潟市）　38,39
プライバシー・ポリシー　159
文化中心綴方新教授法　50
北方教育　ⅰ,61
北方教育社　54
北方教育社主催第１回教育講習会　89
北方教育十周年記念会　132
北方性　2,98,106
北方の同志よ　98
北方文選　17,60,65,87
北方文選　第20号由利版　73,79
輔導　11,40

**ま 行**

峯地光重　51

村山俊太郎　93
モデリング　159

**や 行**

夕映　117
横川尋常小学校（東京市）　39
寄子　21

**ら 行**

酪聯と酪農義塾　109
リアリズム綴方教育論―序論―　79,80
リアリズム綴方教育論㈡　79,82
リアリズム綴方教育論㈢　79,84,97
労働政策時報　139
労務動員計画　105

**わ 行**

吾等が使命　62
吾等の使命　52

**著者略歴**

**三村隆男**（みむら・たかお）

現職　早稲田大学大学院教職研究科教授。石川県生まれ。24年間の高校教員を経て，2000年上越教育大学講師，2002年准教授，その間，上越市内公立中学校スクールカウンセラーを8年間務める。2008年4月より現職。

仙﨑武氏（文教大学名誉教授）に進路指導・キャリア教育，志摩陽伍氏（東洋大学名誉教授）に教育史，D.A.ジェプセン博士（アイオワ大学名誉教授）にキャリア・カウンセリングを師事。

厚生労働省労働政策審議会職業能力開発分科会臨時委員，文部科学省「特色ある大学支援教育プログラム」委員，埼玉県職業能力開発審議会委員，独立行政法人教員研修センター教職員等中央研修講師，アジア地域キャリア発達学会（ARACD）事務局，日本キャリア教育学会常任理事・研究推進委員長，日本特別活動学会紀要編集常任委員などを歴任。

［主な著書］

『小学校キャリア教育実践講座』（日本進路指導協会，2008），『キャリア教育の系譜と展開』（雇用問題研究会，2008），『新訂　キャリア教育入門』（実業之日本社，2008），『生徒指導・教育相談・進路指導』（田研出版，2006）など。

---

書くことによる生き方の教育の創造
〜北方教育の進路指導，キャリア教育からの考察〜　　　　　　　　　　　　　　　　　　［早稲田教育叢書32］

2013年3月30日　第1版第1刷発行

著者　三村隆男

| 編纂所 | 早稲田大学教育総合研究所 |
| --- | --- |
| | 〒169-8050　東京都新宿区西早稲田1-6-1　電話　03（5286）3838 |
| 発行者 | 田中　千津子 |
| 発行所 | 株式会社　学文社 |

〒153-0064　東京都目黒区下目黒3-6-1
電話　03（3715）1501（代）
FAX　03（3715）2012
http://www.gakubunsha.com

表紙画像：文部科学省『中学校キャリア教育の手引き』（2011年），『北方教育』創刊号，北方教育社（1930年）
© MIMURA Takao　Printed in Japan 2013　　　　印刷所　東光整版印刷
乱丁・落丁の場合は本社でお取替えします。
定価はカバー・売上カード表示

ISBN 978-4-7620-2356-9

# 早稲田教育叢書
早稲田大学教育総合研究所
（価格税込　A5並製　各C3337）

## [24] 坂爪一幸 著
### 高次脳機能の障害心理学
神経心理学的症状、高次脳機能障害（脳損傷後にみられる症状や障害）を、より心理学的な観点から考察。どのようなタイプの症状があるのか、それらに対応したリハビリテーションや学習支援の方法はどのようなものか。緻密な研究を通じて、「心」の活動の変化、可能性や適応性を解読。「心」の多面性を理解する手がかりが得られる。
●ISBN978-4-7620-2158-9　224頁　2,425円

## [25] 大津雄一・金井景子 編著
### 声の力と国語教育
子どもたちへ声を届け、子どもたちの声を引き出すさまざまな活動と実践研究から、国語教育の重要な一角を占める音声言語教育分野に関する教員養成の現状と課題を再考。日本文学や中国文学研究者、国語教育研究者、教員、朗読家や読み聞かせの実践家などによる「朗読の理論と実践の会」の活動記録と研究成果。
●ISBN978-4-7620-1674-5　232頁　2,520円

## [26] 坂爪一幸 編著
**特別支援教育に活かせる**
### 発達障害のアセスメントとケーススタディ
発達神経心理学的な理解と対応：言語機能編〈言語機能アセスメントツール〉付
言語機能面における発達障害への理解を深め、アセスメントに役立つ最新の知見を発達神経心理学的な視点からわかりやすくまとめた。付録に掲載した言語機能アセスメントツールでは、ツールの使い方をイラスト入りで実践的に解説。
●ISBN978-4-7620-1758-2　238頁　2,520円

## [27] 白石裕 編著
### 学校管理職に求められる力量とは何か
大学院における養成・研修の実態と課題
大学院における学校管理職養成・研修の現状と課題、学校を支え動かす学校管理職の力とは何か。2年間実施した現職校長を対象とするアンケート調査の結果分析を通して、学校管理職に求められる力量について検討する。その他2007年に開催した公開シンポジウムの講演と報告を掲載。
●ISBN978-4-7620-1952-4　158頁　1,680円

## [28] 安彦忠彦 編著
### 「教育」の常識・非常識
公教育と私教育をめぐって
政治家やジャーナリズムにより喧伝され「常識」となっている"教育＝サービス論"により、「公教育」と「私教育」は同質のものとみなされるようになっている。それらの「常識」の矛盾を示し、「公教育」に対して「私教育」の意義に焦点を当てる。
●ISBN978-4-7620-2049-0　142頁　1,575円

## [29] 沖清豪・岡田聡志 編著
### データによる大学教育の自己改善
インスティテューショナル・リサーチの過去・現在・展望
高等教育機関、とりわけ大学におけるインスティテューショナル・リサーチ（ＩＲ, Institutional Research）に関する現時点までの研究成果と知見をまとめ、大学改革においてＩＲ導入の際に考慮すべき点を提示し、今後を展望する。IR関連の国際的文献・資料も収録。
●ISBN978-4-7620-2157-2　216頁　2,520円

## [30] 堀誠 編著
### 漢字・漢語・漢文の教育と指導
「ことばの力」の源泉を探究する試み。「読む」「書く」「話す」「聞く」という、漢字・漢語・漢文のもつ根源的な力の発見と、その力を育むための実践的な方法の考案、教材や指導法を提案する。また漢字のもつ歴史、漢語・熟語・故事成語の成り立ちとその意味世界、そして訓読による漢語・漢文の理解方法など、さまざまな視点から現実を見つめ直し、漢字・漢語・漢文の世界を多角的に掘りおこす。
●ISBN978-4-7620-2158-9　256頁　2,625円

## [31] 鈴木晋一 編著
### 数学教材としてのグラフ理論
早稲田大学教育総合研究所の課題研究「中学校・高等学校における離散数学教材の研究と開発」の成果報告の一端。数学を創り上げるという視点から、構成的な要素を補う教材としてグラフ理論を取り上げ、幾何教材と離散数学教材の強化に取り組む。
●ISBN978-4-7620-2253-1　208頁　2,415円

## [32] 三村隆男 著
### 書くことによる生き方の教育の創造
北方教育の進路指導、キャリア教育からの考察
●ISBN978-4-7620-2356-9　192頁　2,415円